2024年度版

社　員
ハンド
ブック

新社会人が社会人になるための
エッセンスが詰まってます。

清話会出版

話す力・聞く力を高めよう Check ☐

第5章

整理整頓を仕事に生かそう Check ☐

第6章

財務とITの基礎知識 Check ☐

第7章

付録　役に立つ！ 実践マナー集 Check ☐

はじめに

　学生生活を終えた今、自覚と責任を背負う一企業人としての生活がいよいよ始まります。社会人としての一歩を踏み出すことは、誰しも不安が伴うものです。ましてや新型コロナは収束したものの、社会のあり方も働き方も大きく変わった今、不安もひとしお大きいことでしょう。

　でも大丈夫、安心してください。もしもあなたが未来を見通せたなら、立派な社会人として活躍する自身の姿を目撃し、その姿にきっと目を輝かせるはずです！！

　輝く未来を手に入れるには、まずは社会人としての基本的な知識やマナーを知ることが大切です。会社の仕組みや役割をはじめ、礼儀正しい電話対応や来客対応、トラブルを回避する報連相など、業界業種を問わず必要不可欠な基礎知識がこの1冊には詰まっています。

　社会人としての経験を重ねる中では様々な場面に直面し、時に迷い戸惑うこともあるでしょう。そんな時は、本書の中にその答えを探してみてください。本書は必ずやあなたの原点となり、一生の供であり友として、これからの人生に寄り添い続けてくれるはずです。

　感染症という思わぬ脅威に直面し、私たちは不安と混乱の時代にいます。企業も手探りで新しい働き方を模索している只中で、若い力に掛かる期待は一層大きいことでしょう。今は皆にとって決して楽な世の中ではありませんが、一日も早く日常が戻るよう願い、皆さんの力で日本を盛り上げてくださることを願います。そして、本書がそんな皆さんの一助となれば幸いです。

第1章

会社のしくみと役割を知ろう

会社が持つ役割と責任は何か？
何のために私たちは働くのか？
まずは会社組織について学び、
社員としての自覚を持ちましょう。

① 会社のしくみ

株式会社とは

　日本の事業所の数は全国に約507万あり、そこで働く従業者数は約5,745万人です。そのうち事業活動を行う法人（外国の会社を除く）、個人経営の事業所数を合わせた「企業」の数は約386万になります。（2022年総務省統計局「経済センサス」基礎・活動調査）。

　この中で多くを占めるのが株式会社で、株式とは企業を部分的に所有する権利のことをいいます。事業を営むには多額の資金を必要とし、多くの人から出資してもらわなくてはなりません。その出資額に応じた会社の所有権が株式です。株主は、会社が儲かれば、所有権（株式）の大きさに比例した利益（配当）を受け取ります。失敗しても、出資した分の損失を受けることになります。

　2006年5月1日に施行された「会社法」では、会社の設立に関して大きな変更がなされました。従来、株式会社を設立するためには最低1,000万円の資本金と3人の取締役＋監査役が必要でしたが、取締役1人と1円の資本金でも可能になったのです。一方、これまで資本金300万円、社員1人で設立でき、決算公告義務のなかった有限会社については、新たに起業ができなくなりました。

　また、2015年5月1日には改正会社法が施行され、監査等委員会が取締役の職務執行の組織的監査を行う監査等委員会設置会社が株式会社の一形態として加わりました。

取締役と社員の違い

　法律では、会社で働く者は経営者と経営者以外の社員の

■会社のしくみ

株主・金融機関	資金の提供	会社	経営者	●経営資源の有効活用 ●経営方針の策定 ●重要な決裁
			管理者	●部下の育成・管理、部門の業績管理・達成
			一般社員	●部門長の指示・命令を受け、仕事を完遂

2種類になります。経営者（取締役）は会社との委任契約、社員は会社との雇用契約によって身分が保障されています。取締役には委任契約期間があり、更改されないと会社を去らねばなりませんが、正社員の場合は通常期限のない雇用契約となっており、法律により厚く保護されています。

各階層の役割分担

　企業組織の役割分担を見ていくと、社長をはじめとする経営陣は、国内外の情勢を分析し、会社の進むべき方向を定め、自社の経営資源をどう活用していくかという計画・方針を策定します。また、会社の命運を左右する重要な決裁も行います。そこには重い責任がつきまとい、もし判断を誤れば、莫大な金銭的損失を負うことがあります。課長などの管理者層は、トップの方針を受けて、部下を使い自分の統括する部門の業績を上げていく役割を担っています。部下一人ひとりの実力を養い、チーム全体で成果を上げる。つまり部下の育成・管理、部門の業績管理・達成が主な役割です。一般社員は、部門長の指示・命令を受けて与えられた仕事を周りの人々の協力を得て完遂するのが役割です。

　このように、会社は組織・階層によって役割と責任が分担されていますが、最近は業務の効率化と新しい価値の創出のため、中間管理職を省く組織のフラット化と部門の壁を取り払ったプロジェクト型の組織形態に移行する企業も増えています。

なぜ会社が存在するのか

会社の存在自体が社会への貢献

　会社の売上の大きさは、いかにお客様、つまり社会に貢献し支持されたかによって決まります。したがって、企業が存続し、ユーザー（顧客）のニーズ（要望）に応えた商品・サービスを提供し続けることは、それ自体が立派に社会的な役割を果たしていることになります。これが、会社が「社会の公器」といわれるゆえんです。

日本経済をつくる企業

　企業活動によって得られた利益は、まず企業を構成する社員に分配されます。社員は、賃金によって自分と家族の生活を維持します。株主や経営者も利益の分配を受け、自分の生活を支えるとともに、新たな事業に再投資したりします。この経済の輪は、ユーザーへの還元はもちろん、商品や原材料の仕入先、その他の取引業者へと広がっていきます。こうした経済活動の結果として、日本経済全体が構成されているのです。

市場競争が経済を発展させる

　今日の企業は資本主義、市場経済という競争原理の中でしのぎを削っています。同じ商品・サービスならば、ユーザーのニーズにより多く応えたものが支持され、市場で優位に立てます。逆に支持を失えば、市場から去らねばなりません。この激しい市場競争の過程を通して、私たちにより安く優れた商品・サービスが提供されるのです。家電製品、パソコンなど、性能や品質が飛躍的に向上したにもか

かわらず、価格がむしろ低下しているのは、まさに市場経済の競争原理による恩恵といえるでしょう。

雇用で人々の生活を支える

日本の完全失業率は、高度経済成長期の 1950 年代から 1980 年代まで 1 〜 3 ％という低い水準でした。ところが、長引く不況によって 2003 年には 5.5 ％にまで上昇。その後、世界金融危機などの影響で、2009 年 7 月には過去最悪の 5.7 ％を記録しました。その後、景気のいい状況が続き、少子高齢化が進むにつれて人手の足りない「売り手市場」の状況となりましたが、2020 年の新型コロナの発生とともに状況は大きく変わりました。2021 年の失業率は 2.8 ％（総務省統計局労働力調査 2022 年 8 月）でしたが、パートなどを含む全体の有効求人倍率は 1.32 倍、正社員の有効求人倍率は 1.02 倍（2022 年 8 月　厚生労働省 2022 年 8 月）と、いまだ厳しい状態が続いています。

企業の果たすべき責任

企業が得た利益は、社員への賃金、株主への配当、経営者への役員報酬などへ分配されますが、国や社会への還元も忘れてはなりません。

まず、納税は当然の義務です。また、コンプライアンス（法令や企業倫理の遵守）はもちろん、国や地域社会への貢献も期待されています。地域に根差した企業の環境保護への役割は特に重視されており、率先して地球環境の保全・整備に取り組むことが求められています。

③ 企業は存続を懸けている

魅力的な市場ほど競争が激しい

　５～６％の経済成長が続いた高度成長時代、多くの企業は経営規模を拡大し、販売シェアを高める戦略を取りました。できるだけ多くの資金を調達したうえで、設備を増設・更新し、土地を購入。さらには人材の確保にもエネルギーを傾けたのです。これらの条件の下で、終身雇用制、年功序列制という日本の経営システムは成り立っていました。

　そんな中、かつては「日の当たる業種」が時代をリードしてきたのですが、現在では、衰退業種はあっても業界全体が潤っている業種はほとんどありません。どの業界でも、成長企業がある一方で衰退企業もあるという状況です。

　現在、日本経済全体が成熟したため、どこの市場も飽和状態にあり、限られたパイを奪い合うという熾烈な競争が繰り広げられています。確かに、一時的に脚光を浴びる業界はあります。ある時期のIT業界や外食産業などがそうですが、たちまち多くの企業が参入し激しい競争になります。その結果、ごく少数だけが生き残り、あとは市場から撤退することが多いのも事実です。

　最終的に生き残るのは、激しいシェア競争を制する企業です。シェア競争となると、力と力のぶつかり合いであり、どれだけ資本を注ぎ込んで相手をねじ伏せるかという勝負になります。その競争の果ては、数社が生き残るにしろ、市場全体は過剰投資、過剰人員、過剰設備になります。

　リストラの嵐にさらされた各業界は、かつては日本経済をリードしてきた輝かしい存在でした。だからこそ、有力企業が多く参入したのです。したがって、魅力的な市場こ

そ激しい競争を余儀なくされ、あげくは「過剰」に陥り、そのシワ寄せで社員にリストラを迫ることになってしまいます。

こうした市場で勝ち抜くには、ほかの企業に先んじて顧客のニーズをつかみ、それに的確に対応した商品・サービスを提供していかなければなりません。そのためには、スピードが要求されます。

「企業は環境適応業」だという人がいます。その時々の環境に素早く適応する変わり身の早さが、市場で生き残れるかどうかを決します。

強みを発揮する企業とは

その一方、好・不況に左右されない、屈強な企業があります。一つは「オンリーワン企業」といわれる、徹底して差別化された経営モデル、あるいは技術を有する企業です。これは町工場、零細企業の中にもたくさん存在します。ごく絞られた分野に経営資源（資本、人材、経営ノウハウ）を集中して、他の追随を許さない地位を築いた企業です。

もう一つは、「ニッチ市場」でがんばっている企業です。ニッチとは、「隙間」を意味し、一口にいうと、皆が注目するほど魅力的ではない市場です。魅力的ではないというのは、儲からない市場、飛躍的な成長が望めない市場（衰退業種）、面倒くさい市場、規模が小さい市場、お客様がうるさい市場、リスクが高い市場などを指します。

こういうところには当然、資本効率を徹底して追求する大企業はほとんど参入してくることはありません。ですから、競争にさらされることなく、じっくりと技術や経営ノウハウを磨き上げていくことができます。それが強みになり、決して華やかな存在にはならないものの、永続的に企業を存続させられる可能性があります。

11

④ 会社で働く自覚を持つ

会社に必要とされる人材になる

　企業は、将来を担う存在になってほしい、という期待を込めて新人を採用します。しかし、採用されれば終身雇用で定年まで働き続けられる時代ではありません。企業は不況の中での経営を強いられており、その結果、企業に属する人間にとっては会社から厳しい目で見られることに変わりはないからです。逆にいえば、自らが企業が欲しがる人材に、または企業が手放したくない人材になれば、どんな状況でもびくびくせずに生き残れるということでもあります。ではどうしたらそんな人材になれるのでしょうか。

会社に「借り」をつくらない

　最近では、「就社」から「就職」へということが、強く意識されるようになりました。社員であると同時に「職業人」としての意識を強く持つべきだということです。

　そのためには、第一に会社に「借り」をつくらないこと。自分の価格（給料）以上に価値を生み出せば「職業人」として認められ、会社から必要とされる存在となります。

しっかりとした「仕事観」を持つ

　自分の価格以上に価値を生むためには、絶えず業務を改善していかなければなりません。業務改善には、しっかりとした「仕事観」を持つことが必要です。自分は何のために働くのか、自分に求められている役割は何か、その役割を果たすために何をすべきかを自覚することが、業務を的確にこなし、成果を上げる第一歩だといえます。

仕事は「4ク」でする

「4ク」とは、「はやく」「安く」「正しく」「楽しく」です。まず「はやく」。仕事を速くこなせば、上司の評価は確実に上がります。また仕事を早く仕上げてしまえば、それを十分チェックでき、ミスも防げます。「安く」は、コストを見直し、効率化を図ること。よけいなコストがかかっていないかを常に気にかけ、同じ時間内に10すべきところを12できる工夫を考えるなどして効率を高めます。

「正しく」とは、正しい手順、段取りで仕事をし、ミスを犯してロスを生じさせないこと。そして、どうせ仕事をするなら「楽しく」したいものです。いやいや仕事をすれば、おざなりになってミスが生じ、成果も上がりません。そうなれば当然、仕事の意義・目的も見いだせません。

専門性を磨く

以上のように前向きに仕事に取り組むと同時に、自分自身を差別化していくことが求められます。「並の社員」ではない、他人とは一味違うものを持つということです。

具体的には、どこでも通用する専門性を磨くことです。漫然と業務をこなすのではなく、自分なりに努力して専門領域を勉強することを心がけましょう。これは総合職にもいえること。これからは、特定の分野や業務のスペシャリストとしての能力も兼ね備える人材が求められます。

会社と良好な関係を築いていこう

会社の環境を活かして、自分の知識や経験を積みながら会社と共に成長していくWin-Winの関係を築いていきましょう。会社と相思相愛になれば仕事が楽しくなり、自分を磨いていくことができます。

⑤ 一味違うプロになる

　会社が社員という身分を一生保障してくれる時代は、遠い過去のものとなりました。年功だけで賃金がアップする時代でもありません。「社員」というだけでは安住できなくなったのです。人口の減少により、今後はどの業界においても人出不足になる時代となっていきます。そのような状況にあっても、会社としては持続的な成長をしていく必要があります。そこで、働く社員に対しては更に期待する成果が求められてきます。そのためにも日頃からインターネットや本、雑誌などから有益な情報を収集して自分や会社に対して活用できることはないか考えることを心掛けましょう。

自分の棚卸しをする

　自分の価値を高める方法に「自分の棚卸し」があります。本来の棚卸しとは、企業の会計業務で自社の持つ資産を確認・評価することです。

　これを社会人である皆さん一人ひとりに置き換えてみましょう。これまで、どういった仕事をし、成果を上げてきたのか？　転職したときどんな仕事ができるのか？　独立するとしたらどんな仕事ができるのか？　その他、仕事をする上での自分の武器などについて、考えてみてください。

　そこから自分に足りないものが何かということを確認できたら、自分の価値を高めるためにはどのようにすればいいかがわかるはず

です。

ただのサラリーマンは不要

　組織における人材には、「2：6：2の法則」が当てはまります。つまり、優秀な人は全体の2割、普通の人が6割、ダメな人が2割という割合で存在するということです。会社にとってダメな人はお荷物以外の何物でもありません。サッサと辞めてもらいたい対象です。

　問題は普通の6割。その多くはサラリー（給料）をもらうためだけに働く、文字通りの「サラリーマン」です。今日どの企業も最大のコストである人件費削減に躍起となっています。いきなり「優秀な人」になることは難しいでしょうから、まずは仕事を覚え、普通の枠にとどまらないという意識を持ち、会社に不可欠な人材になることです。

プロフェッショナルを目指す

　2割の優秀な社員とは、起業家タイプとプロフェッショナルです。起業家タイプとは、収益を上げるビジネスモデルを開発し実行に移す人。このタイプは持って生まれた資質が問われますが、プロフェッショナルには努力すれば誰でもなれます。

　経理部であれば、会計ソフトをオペレートできることだけに満足せず、財務諸表や管理会計を学び、経営戦略に提言できるような実力を身につけるようにします。総務部、人事部、経理部は、利益を直接生み出すわけではなく、リストラの対象にされやすいといえます。しかし、経営計画に欠かせないデータ分析、営業に必要な顧客データの収集・分析、市場調査、ライバル企業の売上状況の収集・分析など、会社にとって大事な業務は山ほどあり、そこでプロを目指せば立派な戦力となれることでしょう。

⑥ なぜ会社で働くのか

キャリアアップを念頭に置く

これからは自分の将来設計を見据え、キャリアアップを念頭に置いて仕事に取り組む必要があります。指示・命令されたことは何でもきちんとやらなければなりませんが、それらを平均的にこなすだけでは不十分です。自分の得意とする分野により磨きをかけるようにするのです。「好きこそものの上手なれ」といいます。好き、得意というものを職場のトップ、会社のトップというレベルに高めていけば、どこでも通用する能力が備わってくるものです。

働くのは自分のため

職場は自分のキャリアを積み上げていく場であると考えるなら、仕事はやらされるものだ、生活の糧を得るための「苦役」(Labor) だとは思えなくなるはずです。

実際、仕事のできるビジネスパーソンを見ていると、「忙しくてかなわんよ」とはいいながらも、元気ハツラツとしています。それは、彼らが会社のためだけではなく、自分のためにも働いているからです。仕事や会社は自分と対等なもの（パートナー）で自分を充実させる大切なものと考えるから、ハードな仕事も楽しく進めていけるのです。

職場での鍛え方で将来が決まる

サラリーマンにせよ、独立した人にせよ、成功者は必ずといってよいほど自分の職場・仕事に全精力を注ぎ込んでいます。反対に「こんな職場はいつまでもいるところじゃない」といって職場にいつも背を向けている人は、社内で

の昇進はもちろんのこと、独立しても必ず失敗しています。

販売会社を立ち上げ、業績を伸ばしているトップはこういいます。「30代までは最初の職場でみっちり鍛えられました。上司の期待に応えるため、人の何倍も働き、誰にも負けない売上を上げました」。また、独立したデザイナーは「この世界、才能やセンスだけでは食っていけない。人脈というか、営業力がないとダメなんです。会社にいたとき、仲間から好かれ、お客様からかわいがられるような人でなければ、仕事はもらえません」といっています。

給料は誰がくれるのか？

会社という組織で働いていると、「給料は誰からもらっているのか」という、働く者にとって原点ともいうべきことを忘れてしまいがちです。私たちの給料の元となるのは、会社が得た利益です。その利益は、会社が提供する商品・サービスをお客様に買っていただくことによって得られます。つまり、給料はお客様からいただいている──この単純なことが意外と忘れられています。給料の源泉であるお客様を第一に考える「お客様志向」に全員で徹していかないと、これからの時代、企業は生き残っていくことができません。

常に求められる100点満点

学校では70点、80点でも合格点はもらえましたが、会社の仕事は常に100点満点を要求されます。例えば手紙の宛名書きで、住所、社名、肩書き、氏名を間違いなく書き上げたとします。学校ではこれで80点はもらえるでしょう。ところが、うっかり「様」という敬称を書き忘れたとしたら、マイナス点になってしまいます。どんな仕事であれ、100％に仕上げるようにしなければなりません。

組織と個人の関係を考える

会社と個人の存在意義を意識する

　会社は、自社が社会に対してどのように貢献していくのか、そしてどのように行動していくのかを経営理念として掲げています。最近では、会社のことだけではなく個人に対してもパーパス（存在意義）という概念が注目されています。これは「自分たちはいったい何のために存在しているのか、そして何ができるのか」ということです。働くことについての意味や存在意義を改めて見つめなおして、社会や顧客にとって必要な存在となるための考えです。これからは、これを基本にして行動することが求められます。

役割の分担と個人・部門間の連携

　会社では仕事を部門、個人に配分し、組織全体で成果を上げていきます。それを組織力といい、組織力を強化するには、組織を構成する人々がそれぞれ優秀であること、十分に力を発揮することが前提です。各人がそれぞれに配分された役割を十分に果たすということです。

　そのうえで、さらに必要とされるのが部門間、個人間の連携です。自分だけやればよい、部門の業績だけ上げればよいというのではなく、全社員が共通の目標に向かって協力し合わなければ、会社全体の業績は向上しません。

　「人は自分一人では生きられない」というのは、会社で働く者にとって基本です。そのためには、礼節や思いやりを大切にし、年長者に対しては畏敬（かしこまり敬う）の念を持つことが大切です。また、集団の中での自分の立場・役割を認識し、その認識を持って働くことも重要です。

　多くの工場の製造工程では「後工程はお客様」をスローガンにしています。「次の工程の人たちのことを考えながら自分の作業を進めなさい」というものです。例えば、製造部門の人が製品を完成させたら、それでおしまいではなく、次の出荷という工程を考えて、コンテナで運びやすい位置、分量、高さなどを配慮して製品を保管します。

指揮・命令系統を乱さない

　会社組織では、トップから末端まで指揮・命令系統が1本の線のように通っています。組織で働く者は、この指揮・命令系統を乱さないことをまず要求されます。

　指示・命令された仕事をやり終えたら、その結果を報告するのも系統を乱さないことのうちに入ります。報告しなければ仕事を終えたことにはならないからです。指示・命令と報告は一対です。「ホウ・レン・ソウ（報告・連絡・相談）」（p.58 〜 59 参照）の重要性がここにあります。

発言は活発に、決まったことは実行する

　日本には、コンセンサス（合意）を大切にする風土があります。上からの押しつけだけではなく、全員が納得するような形をとることが多いのです。このため、ミーティングや会議で意見を戦わす機会が多くなっています。

　そういう場では、上司の顔色をうかがったりはせず、自分の意見、考えを存分にいうべきです。世の中の動きは早く、それに対応するためには、決定されたことはできるだけ早く実行して検証や改善することが必要です。つまりPDCA を高速に回すことが今後重要になります。

企業の内外には危機がいっぱい

　会社を取り巻く環境には、急速に変化する経済状況だけでなく、地震や台風などの自然災害、さらにはサーバーへの不正アクセスといったさまざまなリスクが潜んでいます。また、管理不備による情報漏洩や不正表示問題などにも目を光らせなければなりません。危機に見舞われたとき、被害を最小限に抑え、限られた経営資源で事業を再開できるように行動計画をつくるのが組織の危機管理です。防災・防犯マニュアルの作成、顧客情報管理のルール徹底などで危機を回避し、実際に問題が発生したときのために事業継続計画（BCP：Business Continuity Plan）を作成することもあります。こうした活動は企業の社会的責任（CSR）やステークホルダー（利害関係者）保護の観点からも重視されています。

社員としての危機管理

　企業の危機管理は、会社組織を構成する社員一人ひとりの意識も問われます。

　例えば、顧客情報は社外へ持ち出さない、ウェブサイトからのダウンロードには細心の注意を払う、地震に備えて書棚やデスクは整理しておくなど、日常の業務の中で社員が具体的に実行できることはたくさんあります。また、顧客からのクレーム対応や社外での立ち居振る舞いがトラブルの種になることも。常に会社の看板を背負っているのを意識して行動することも社員の危機管理です。会社が作成した危機管理マニュアルなどには必ず目を通しましょう。

⑨ 求められるCSR意識

　危機管理意識の基本となるのが企業の社会的責任（CSR：Corporate Social Responsibility）です。企業活動を通じてステークホルダーとの関係を大切にし、社会に対して責任のある行動を取るという概念です。

　例えば、納税や個人情報保護、不正を見逃さない組織づくりといったコンプライアンス（法令遵守）をはじめ、労働環境の整備など、消費者の目に触れないあたりまえの行動も含まれます。会社員として、社会的責任のある行動を心がけましょう。職場での光熱費・水道代、コピー用紙の節約などはコスト削減につながります。

ステークホルダーへの意識の持ち方

消費者、地域社会▶エンドユーザーや事業拠点の運営にかかわる地域住民の信頼は、企業生命を左右します。常に「会社の顔」であることを意識して接しましょう。

投資家・金融機関▶資金提供者に対しては、出資のリスクに見合う、公正、透明、健全な見返りを提供することが重要です。最近では企業の安定性や成長性を評価して投資するSRI（Socially Responsible Investment：社会的責任投資）の考え方も広がってきました。

従業員▶社員は企業にもっとも近いステークホルダーです。能力開発や家庭との両立が実現できる安全・安心な環境整備が重要です。

取引先▶取引先は事業の協働者です。契約内容や業界ごとの商慣習など取引のルールを守ることに加え、一つひとつの場面で良好な関係づくりを心がけることが、事業全体の活性化に結びつくのです。

覚えておきたい
ビジネス用語 ①

B to B、B to C

BtoB（Business to Business）は企業同士のビジネス。B to C（Business to Customer）は企業がモノやサービスを直接個人（一般消費者）に提供するビジネスモデル。

CEO・CFO・COO

企業における役職を示す略語。それぞれ「CEO＝最高経営責任者」、「CFO＝最高財務責任者」、「COO＝最高執行責任者」を表している。

ChatGPT

高度な AI 技術によって、人間のように自然な会話ができる AI チャットサービス。"インターネット以来の革命"と言われる。

DX

Digital Transformation / デジタルトランスフォーメーションの略語。進化した IT 技術で生活やビジネスをより良く変革させること。

ESG

環境（Environment）、社会（Social）、ガバナンス（Governance）の頭文字から。非財務情報だが企業を表す指標として活用される。

IoT

Internet of Things の略。様々なモノをインターネットに接続して情報を交換し相互に制御すること。コンピュータ以外への接続。

KPI・KGI

目標管理の基礎用語。「KGI＝重要目標達成指標」はビジネスゴールを示し、「KPI＝重要業績評価指標」はその過程をはかる中間指標。

MaaS

バス、電車、飛行機など全ての交通手段による移動を一つのサービスに統合しルート検索から支払いまでシームレスにつなぐ概念。

NFT（Non-Fungible Token）

偽造できない鑑定書や所有者の証明書付きのデジタルデータ等を扱う。仮想通貨と同様にブロックチェーン上で発行および取引が可能。

第2章

マナーの基本を身につけよう

仕事で円滑な人間関係をつくるには、社会人のマナーの基本を知ることから。挨拶や態度、姿勢を日ごろから意識し、好印象を感じてもらえるよう心がけましょう。

① 求められる社会人のマナー

人間は誰でも社会にかかわりを持たず一人で生きていくことはできません。社会の最小単位の家族から始まって、隣近所、地域社会、学校、そして職場などで人々とかかわりを持つことによって生きているのです。

では、それぞれの社会の中で、自分が気分よくいられるのはどういう状態でしょうか。周りの人から温かく接してもらい、自分の存在、立場が認められるということでしょう。ならば、自分も人に対してそうしてあげること。これが、エチケットやマナーの原点です。

マナーは人間関係をつくる

職場や会社でかかわる人々とうまく付き合い、さらに社会全体で大人として認めてもらうためには、「エチケット」「マナー」というパスポートが必要です。このパスポートがあれば、周囲が自分を支え、自分の才能を育ててくれるでしょう。

広い社会にはさまざまな考えを持つ人がいます。プライベートでは、好きな人と好きなように付き合い、苦手な人は避けていても構わないでしょう。少しぐらい意思の疎通に失敗しても大した問題にはなりません。しかし仕事ではそうはいきません。相手に不快感を与えず、自分の意思を正確に伝えるために、マナーが重要なのです。

「自分だけ」では済まされない

マナーの基本は相手への思いやりです。どんなにきちん

24

とした挨拶、振る舞いをしようが、相手を尊重する心がなければ、相手に不快感を与えてしまいます。それが自分だけの問題ならよいのですが、相手に与えた不快感、不信感が、結果として会社に大きな損失をもたらすことも大いにあり得ます。ビジネスパーソンとしてふさわしいマナーを身につけることは義務だと思ってください。

挨拶で心の扉を開く

人は誰でも、見ず知らずの人に対して警戒心を抱くものです。

コミュニケーションの第一歩は、この段階を超えることから始まります。そこに必要となってくるのが「挨拶」です。

自分には悪意がまったくなくても、挨拶もせず、相手をジロッと一瞥するような仕草をすれば、相手は「自分に敵意を持っているんじゃないか」と思うか、よくても「自分を無視している」と考えるに違いありません。

挨拶がなければどんな人間関係も始まりません。しかし、ただ挨拶をすればよいというのではなく、そこに心を込めなければなりません。同僚には親しさと思いやり、上司には敬意、お客様には感謝の心を込めるようにしましょう。

■7大接客用語

「いらっしゃいませ」
「かしこまりました」
「恐れ入ります」
「少々お待ちくださいませ」
「お待たせいたしました」
「申し訳ございません」
「ありがとうございます（ました）」

② 挨拶はマナーの初歩

出社したら

1日の仕事は、気持ちのよい挨拶から始まります。毎日欠かさず、明るく元気な声で、そして誰に対しても自分から「おはようございます」と挨拶をしましょう。いつもこれを継続しているだけで周りの人から好かれ、あなたの存在感は高まります。

席をはずすときは

社外だけではなく、他部署や洗面所に行くときも、周りの人に「○○へ行きます」「すぐ戻ります」と必ず声をかけるようにして、常に自分の所在を明らかにしましょう。

外出するときは

上司や周りの人に「○○の件で△△に行ってまいります。○時○分ごろ戻る予定です」と声をかけます。外出先から戻ったら、「ただいま戻りました」と挨拶します。また、周りの人が外出するときには、「いってらっしゃい」と言葉をかけてあげるとよいでしょう。出かける人はこの同僚からの言葉を励みにして、よい仕事ができるはずです。

帰社した人に対しては

外出先から戻ってきた人には、「お帰りなさい」「お疲れさまでした」と声をかけます。「暑い（寒い）ところ大変でしたね」と、ねぎらいの言葉も添えるとよいでしょう。なお、「ご苦労さま」は、目上の人が下の人に向ける言葉ですので、上司や先輩には使わないよう注意してください。

仕事を手伝ってもらったり、ものを借りたときは

人の好意には素直に「ありがとうございます」とお礼の言葉がいえるようでなければなりません。心で思っていても、「ありがとう」がスムーズに出せないために、ずいぶん損をしている人が多いようです。

お客様が見えたら

お客様との応対は受付係に任せておけばよいものではありません。「受付で挨拶はすでに済んでいる」「うちの課のお客様じゃない」「何度も挨拶されたらお客様もわずらわしい」などと勝手に思って無視すれば、お客様を非常にいやな気分にさせてしまいます。廊下やエレベーターでお客様に会ったときは、立ち止まって、軽く頭を下げ「いらっしゃいませ」「こんにちは」と声をかけ会釈しましょう。

廊下で人とすれ違ったら

社内の人に対しても、廊下やエレベーターで顔を合わせたら軽い会釈をします。目が合ってしまい、あわてて視線をそらすのは、何ともバツの悪いもの。そんなときは相手が誰であろうと、軽い会釈を交わしたほうが無難です。

退社するときは

後片づけをきちんと済ませ、「失礼します」と挨拶をします。残業をしている人には「申し訳ありませんが、お先に失礼します」と一言添えた挨拶を心がけましょう。

③ 時間を組織で共有する

　職場のケジメの中でも、時間厳守はもっとも大切なルールです。組織で働く者にとって、時間は共有するものだからです。

■時間厳守ここだけは

始業時間
5〜10分前には席に着いて、すぐに仕事ができる態勢をつくる。

終業時間
終業時間の前から、帰り支度をしてはならない。無用な残業をする必要はないが、終業前に自分の仕事が終わっている場合は、「何かお手伝いできることはありますか」「お先に失礼してよろしいでしょうか」と上司に尋ねる。

休憩時間
終了次第、直ちに席に着く。昼休みの気分を執務時間に持ち込んではいけない。

社内会議や打ち合わせ時間
所定の時間には必ず着席して待機する。

お客様への訪問時間
訪問する際は必ずアポイントメントをとり、約束した時間の5分前には到着する。ただし10分以上も早く面会を求めるのは、相手の負担となり、都合を考えていない、失礼ともとられかねないので要注意。

休暇をとるときの対処と心配り

　休暇をとるときは、事前に上司に届け出るのが原則。病気などで突然休まなければならなくなったときは、始業時間の 15 分くらい前には、必ず直属上司に連絡（基本は電話）を入れ、休暇の理由、仕事の連絡・手配を伝えます。

　有給休暇は労働基準法に定められた労働者の権利です。しかし、組織の一員であり、必要とされている働き手ですから、長期の休暇をとるときは、職場の仕事の流れ、閑忙を見極め、なるべく皆に迷惑のかからない時期を選ぶという配慮が必要です。仕事も計画的に進め、周りの負担をなるべく軽くするような心配りが必要です。

　風邪をひいた場合などは、ほかの人にうつしてしまうこともあるので休養をとるほうがよいでしょう。しかし仕事を休まなくても済むよう、普段から規則正しい生活リズムを維持し、心身が常に健康な状態にあるよう体調管理に努めることが、より大切です。

遅刻・早退したときの対応

　遅刻することがわかった時点で必ず一報を入れ、出社後にその理由を率直に述べます。ウソや言い訳はかえって見苦しいもの。また、遅刻常習犯は規律違反として厳しい処罰を受けるものと覚悟しましょう。

　早退するときは、その理由と時間を上司に届け、やりかけの仕事があれば同僚にお願いするなどして、きちんと対応してから退社します。

　突然の休暇、遅刻・早退は、周りの人に迷惑をかけているので、必ず「ご迷惑（ご心配）をかけ、申し訳ありませんでした」とお詫びをしましょう。「私の有給休暇だから、私の勝手」は、職場では通用しません。

④ 同僚・上司をどう呼ぶか

「さん」づけで、名前を呼ぶ

人に呼びかけるときは、はっきり相手の名字で「○○さん」といいます。「ナベさん」などと愛称で呼ぶのは、非公式の場では親しみがあってよいかもしれませんが、職場でもごく内輪のときだけにします。お客様の前では禁句です。

職場内では「○○部長」「○○課長」と、職位をつけて呼ぶのが原則です。しかし、最近では職位に関係なく「○○さん」で統一している会社もあります。なお、年長者に対しては職位が低くても「さん」づけをします。

社外の人の前では同僚・上司に敬称はつけない

社内の人を社外の人に話すときは「さん」をつけず、「田中が……」と呼び捨てにします。また、部長などの役職名も社外の人には不要です。「田中が……」でよく、「田中課長が……」とはいいません。上司を役職者として初めて顧客や取引先に紹介するときは、「営業部長の佐藤です」といいます。ただし、課長や部長の身内の方には「○○課長（○○さん）」などと敬称をつけます。

呼ばれたら気持ちのよい返事をする

自分が呼ばれたら、「はい」と気持ちのよい返事をし、呼んだ人のほうへ顔を向けます。上司に呼ばれたときに手がふさがっていたら、「すぐうかがいます」と断り、終了したらすぐに上司の席まで足を運び、こちらから用件を確認します。椅子を机にしまい、メモと筆記具を忘れずに。

社会人の態度と姿勢を

現代の若者に欠けているもの

入社後、社員教育で初めに教えられる社会人としての心構えやマナーは、本来、家庭でしつけられるのが当然のものです。しかし、現代では親も含めた周囲の大人も忙しく、きちんと指導できなくなっており、また、それを自覚することも難しくなっているのではないでしょうか。働く者としてふさわしいマナーは、意識して正しく身につけておきましょう。

まずは形。そして心をつくる

あなたの第一印象を決定づけるものの一つが態度（立ち居振る舞い）です。「目は心の窓」といわれるように、心のありようや顔の表情、態度に表れます。また、表情や態度で示さないと、言葉だけでは気持ちが伝わらないことがあります。

そこで、茶道のような日本古来の習い事の心得で「形から入って心に至る」といわれるように、まず形から入っていく方法があります。

社会人にふさわしい態度、振る舞いができるようになれば、おのずと心構えもできてきます。

感情をあらわにしない

自分の感情をうまくコントロールできない若者が多いようです。最近の若手社員の精神的弱さを指摘する専門家がいますが、これも大人になりきれていない証拠です。

上司の自分への叱責に対して、いきなり顔色を変え反論

31

に及ぶなどして、「あの人はお天気屋だ」「あの人はすぐにムキになる」と後ろ指を指されないよう、普段から感情を上手にコントロールするよう心がけましょう。

立ち姿にも気をつける

立ち姿がだらしなかったり、覇気が感じられない姿勢では、相手からは信頼されません。背筋を伸ばして若々しく、すっきり立ちたいものです。手の位置は、男性はズボンの横の縫い目に沿って、女性は前で重ねると良いでしょう。

座るときの姿勢

事務用のイスに座るときは、座面に握りこぶし1個分くらい残した位置に腰かけます。背筋を伸ばし、背もたれに軽く背中を当てるようにします。この姿勢で長時間の事務作業に耐えられます。足組みはリラックスのためにはよいでしょうが、基本的には仕事をする姿勢ではありません。また足組みや不自然な姿勢は腰痛の原因にもなります。

ソファーのように背もたれが斜めのイスの場合、背もたれに背中をつけると、ふんぞり返った偉そうな印象を与えてしまいます。お客様には絶対に見せてはいけない姿勢です。やや浅めに座って背筋を伸ばすようにします。

■イスのかけ方

普通のイス
奥まで腰をつけ、背筋を伸ばす。

ソファー
やや浅めに座り、背筋を伸ばす。

お客様、上司の前で腕組みをしない

腕組みは相手に尊大な態度と受け取られ、心理学的にも拒否のポーズとされています。腕組み、あるいは手をいじったりするのを防ぐためには、メモをとると良いでしょう。手帳とペンを持つことで両手がふさがり、熱心に相手の話を聞いている印象を与えます。

なお今日では、タバコを嫌う人や路上禁煙区域、館内禁煙のビルが多くなりました。訪問先周辺での歩きタバコや、訪問先での喫煙はお客様に見られている可能性があります。気をつけましょう。

目上の人と歩くときは車道側を歩く

歩く姿勢は、その人を大きく印象づけます。背筋を伸ばし、若者らしく、颯爽とした歩き方を心がけましょう。

注意したいのが歩幅です。自分の体格に比して歩幅が大きすぎると、肩が揺れたりそびやかすような格好になり、尊大なイメージになります。反対に小さすぎると、貧相な印象を与えてしまいます。背筋を伸ばし、肩が上下、左右にあまり振れないように、伸ばした脚を前方に軽く振り出す程度が自然な歩幅となります。

年上の人やお客様と連れ立って外を歩くときには、女性をエスコートするのと同様に、相手の安全を気遣って、自分は車道側を歩きます。昔は「3歩下がって師の影を踏まず」が礼儀でしたが、今は、道案内するとき以外は半歩か1歩程下がって歩きましょう。

お辞儀は言葉と仕草が一対

「お辞儀」の「辞」は言葉のことです。「儀」は立ち居振る舞いをいいます。つまり、挨拶の言葉と、その仕草が一

対となって初めて挨拶となるのです。お客様や上司には、この「お辞儀」という挨拶を交わさなければなりません。

お辞儀は「語先後礼」で

お辞儀をする際に意外と無頓着なのが、辞と儀のバランスとタイミングです。まず、にこやかな笑みを浮かべて、お客様の顔を見て「いらっしゃいませ」と言葉を発します。いい終えたらすぐに頭を下げます。その際、頭を下げるというよりも、背筋をまっすぐ伸ばして、腰を折る姿勢です。言葉が先、お辞儀が後の「語先後礼」を行います。

お辞儀を正しく使い分ける

お辞儀には以下のような種類があります。場面に応じて使い分けられるように、普段から練習しておきましょう。

会釈▶軽く頭を下げて挨拶する。頭だけを下げるのではなく、15度の角度で背を伸ばしたまま腰を折る。お客様や上司とすれ違うときや、離着席のときに使う。

敬礼▶30度の角度で上半身を倒す。お客様をお迎えしたりお見送りするときの一般的なお辞儀。

最敬礼▶45度で深々と上半身を倒すもっとも丁寧なお辞儀。お客様に深い感謝や謝罪の意を表すときに使う。

■お辞儀の使い分け

会釈（15度）　　　　敬礼（30度）　　　　最敬礼（45度）

⑥ 名刺交換・管理の仕方

名刺交換はどうする？

名刺入れは必ず用意し、定期入れや財布と兼用してはいけません。名刺入れはシャツやズボンのポケットなどに入れず、男性なら上着の胸内ポケットに入れます。（女性は鞄の中）

名刺は相手が読める向きに名刺入れの上に置きます。名刺入れは相手に向かって蓋が開くよう、背筋を伸ばして両脇を締め、胸の高さに持ちます。名乗るとき（「はじめまして。私、○○社の○○と申します」「どうぞよろしくお願いいたします」）も受け取るとき（「頂戴いたします」）も、相手の目を見て笑顔を忘れないようにします。

お客様との名刺交換に際して、名刺は目下（仕事を受託する側・訪問する側）から先に渡すものです。

かつては「自分が名乗って相手に渡す」「相手が受け取る」「相手が名乗って渡す」「自分が受け取る」が正式でしたが、スピード重視の現代では「同時交換」が主流です。「お互いに名乗る（目下が先）」「同時に渡す」「同時に受け取る」方法です。

同時に渡すときは、名刺入れを受け盆として左手にキープし、右手で相手の（左手の）名刺入れに向かって片手で渡します。受け取ったらすぐに両手に持ち替えます。

いただいた名刺はすぐにしまわず、商談中はテーブルの上に置いておきます。（自分の左手前か左手奥）

1枚なら名刺入れの上に置き、複数名の場合は全員の名刺を着席順に机の上に並べて名前と顔を覚えるようにします。

名刺を受け取るときは両手で。名前に指がかからないように注意する。

いただいた名刺にその場でメモをしないように。

いただいた名刺は机の上に。名刺を交換したら名前はすぐに覚える。

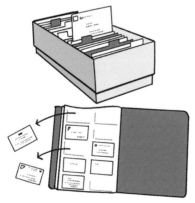

名刺の整理は名刺ファイルやフォルダが便利。いつでも取り出せるように。

名刺を整理し情報を管理する

　いただいた名刺は会社に持ち帰ったらきちんと整理しましょう。そのままデスクの引き出しに入れておくだけでは、すぐにほかの資料とごちゃまぜになってしまいます。そんな状態では名刺をいただいた人に連絡をとろうとしても必要なときに探せず、交換した意味がありません。

　そこで名刺ファイルや名刺フォルダに入れて整理しておけば、使いたいときにさっととり出せて便利です。相手の氏名や社名のあいうえお順、名刺を交換した日付順など、自分が使いやすいようにしておくといいでしょう。頻繁に会う人の名刺、めったに会わない人の名刺に分けて別のファイルなどに保管しておくことも有効です。

　さらに、名刺にその人と会ったときの情報をメモしておくと、あとになって「この名刺をくれたのはどんな人だっけ？」というのを防げます。名刺にメモしておく情報は、日付、場所、出来事、ほかに相手の特徴（表情、体つき、話し方、年齢など）も書き添えておくと印象に残ります。ただし、その場で相手の名刺にメモをするのは NG です。

　もし名刺を交換した相手が会社を辞めてしまったり、そのときどきの自分の業務に照らして、不要になったと思われるものは廃棄します。このとき、ごみ箱にそのまま捨てるのではなく、シュレッダーにかけるようにします。名刺には個人情報が詰まっていますから、その流出を防ぐ意味からも大切なことです。

　最近は名刺を紙のまま各自で保管するのではなく、会社のデータベースや、クラウド名刺管理サービスに入力、名刺管理アプリなどを利用して社内で情報共有するところも増えました。そうした決まりがなくても、個人でしっかりと情報を整理し管理しておくことが必要です。

会社のイメージというものは非常に大切です。そのため、莫大なお金を払ってテレビやその他の媒体を使い、企業は宣伝合戦を繰り広げています。ところが、宣伝でつくられた好イメージも、その会社で実際に自分がどう扱われたかでまったく逆転してしまうことがあります。

会社のイメージは社員各々がつくるものと思って、自社を訪れるお客様、取引先と接しなければなりません。

全員でお客様を迎える

お客様は受付に任せておけばよいというものではありません。最近では受付係を置かず、受付電話や、各部署でお客様と応対する会社も多くなっています。それだけに、男女を問わず接客マナーは誰でも習得しなければなりません。

電話に出た人やまず最初に気づいた人が「いらっしゃいませ」と明るく挨拶しましょう。廊下などで不安げに歩いている人を見かけたら、そういうときも「いらっしゃいませ」と挨拶をし、「どちらに行かれますか?」と声をかけてあげましょう。これは挙動不審な人を見極める防犯対策にもつながります。

アポのあるなしで対応は違う

アポイントメント(予約)のあるお客様には、確かにアポを承知していることを示すように、「いらっしゃいませ、○○様でいらっしゃいますね、お待ちしておりました」と

いってお迎えし、お客様を安心させます。また、顔見知りのお客様には「○○様、いらっしゃいませ、いつもお世話になりありがとうございます」と、名前で呼びかけます。

アポがなく、いきなり訪問してきたお客様には、まずは丁寧なお迎えの挨拶をしてから、名前、会社名、用件をうかがい、できれば名刺も頂戴します。そして「△△さんいらっしゃいますか」と尋ねられたら、名指し人の在・不在にかかわらず、「少々お待ちください」といって、在・不在、都合を確認して、お客様にお答えします。名指し人が在席していても、会いたくないこともあるからです。

ご案内からお見送りまでのポイント

①応接室へのご案内

応接室にご案内するときは、お客様が廊下の中央を歩くようにする。案内する人はお客様の2、3歩斜め前を歩き、お客様の歩調と合わせるようにする。そして、ときどき振り返って様子をうかがう。

②階段での気遣い

階段ではお客様を手すり側、案内人は2、3段上の斜め先を歩く。階段を降りるときも案内人が先に立つ。

③エレベーターの乗り降り

エレベーターでは、乗るときは案内人が先、降りるときはお客様を先にする。乗る際にお客様が多数のときは、「お先に失礼します」と一声掛けてから案内人が先に乗り扉が閉まらないようにボタンを押す。降りるときは、案内人は「開」のボタンを押してお客様の降りるのを見守る。

④ドアの開け方

「空室」表示でもいきなり開けず念のためノックする。手前開きのドアでは、案内人がドアを開け、お客様を先

に通す。押し開きのドアでは、案内人が先に入り、開けた手と反対の手でノブを持ちお客様を迎え入れる。

⑤**イスのすすめ方**

お客様には上席をすすめる。そのとき、「どうぞ」などとあいまいにいうのではなく、「どうぞこちらへおかけになってください」と手で指し示すとよい。

⑥**お見送りの仕方**

帰り際の応対にも気を抜かない。お客様が部屋から出るとき、忘れ物がないかをチェックし、コートやカバンをお持ちして、帰り支度を手伝う。基本的にはエレベーターホールまで、会社にとって特に大事なお客様の場合は、玄関先までご一緒してお見送りをする。外で見送る際は、相手の姿が見えなくなるのを確認して、その場を後にする。

■**席次のルール**　数字の順に上座→下座

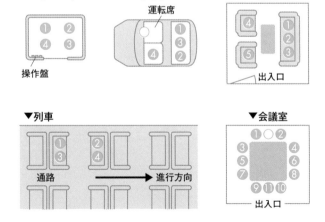

▼エレベーター

操作盤

▼タクシー

運転席

▼応接室

出入口

▼列車

通路　進行方向

▼会議室

出入口

⑧ 訪問時に気をつけたいこと

アポをとり訪問の準備も万端に

会社を訪問するときは必ずアポイントメントをとります。アポなし訪問はマナー違反です。訪問日時は、相手がお客様であれば先方の都合を優先します。「〇日〇曜日の午前中、△日△曜日の午後……はいかがでしょうか」というようにおおまかに日時を指定し、細目は先方に決めてもらうのもよいでしょう。決まった日時は手帳などに必ず記入します。もちろん、約束した時間には絶対に遅れないこと。逆に、あまり早く着きすぎると、先方は負担を感じてしまうので、5分くらい早めがよいでしょう。時間厳守をするには、あらかじめ訪問先の所在地、交通機関を地図で確認しておきます。事故などでやむをえず遅刻する場合は、速やかに先方へ連絡を入れます。

玄関では靴を「出船」にし、すみに寄せる

受付を訪れる前には、ネクタイの曲がり、靴の汚れ、髪の乱れなどがないかをチェックしましょう。

自宅を訪問し、玄関で靴を脱ぐ場合はそのまま上がり、ひざをついて靴の爪先を出口に向けて（「出船」の形に）、すみに置くようにします。玄関の真ん中に「入り船」の状態で脱ぎっぱなしにしていては、社会人失格と見なされてしまいます。

応接室に案内されたら、自分からは下座に座るようにします。しかし、上座をすすめられたら、あまり遠慮はせずに従いましょう。相手を待つ間、ソファーにふんぞり返ったり、足を組まないこと。お茶を出されたら、軽く会釈しお礼を述べます。いただくときは「頂戴します」と必ずいいます。

41

⑨ 男性社員の身だしなみ

　人との出会いでは第一印象が大きな影響を与えます。そこで決定的なハンデを負わないためには、まず個性を強調するより、自分の属する社会、職業にふさわしい服装をすることです。そのうえで若さと清潔感を演出しましょう。

スーツは、仕事着との感覚で選ぶ。シミ、汚れ、シワのある服は、着ている人の人格を表す。プレスのきいたスーツを着れば身も心も引き締まる。

ワイシャツは、清潔感、誠実さを演出する最大の道具。襟や袖口が汚れているもの、プレスがきいていないヨレヨレのものはだらしない。

ネクタイは、スーツとのバランスを考えて選ぶ。緩み、曲がりにも注意。

名札や襟章は、社則で義務づけられていれば、きちんとつける。

歯は、よく磨く。喫煙者はヤニをよくとる。口臭は嫌われるので要注意。

鼻毛は、伸びていないか。ヒゲは、毎日きちんと剃る。無精ヒゲも禁物。

手は、もっとも目立つ。ツメアカなどはもってのほか。こまめにツメを切ること。

時計、カバンはビジネス向きのシンプルなものを使う。

ハンカチは、清潔なものを複数持つと安心。

靴下は、靴の色に合わせるのが原則。明るい色の靴下はビジネス向きではない。

髪型は、清潔感を第一に。奇抜なものは避ける。フケが出ないように洗髪を。

靴は、性格がよく表れるところ。カカトがすり切れるなど、くたびれた靴は禁物。汚れを落としてよく磨く。

⑩ 女性社員の身だしなみ

　飾りすぎ、ケバケバしさがせっかくの若さや清潔感を損ね、周囲の反感を買ってしまうことがあります。「清潔・上品・控えめ」をモットーに「引き算のおしゃれ」を工夫すれば魅力は増すはずです。

アクセサリー類は、仕事のじゃまにならないよう控えめに。

ストッキングは、原則として肌色に近いものを。派手な色のものや、普段着のような靴下も厳禁。

髪型は、職場のムードに反しないものに。長い髪は仕事中は束ねるなどしてすっきりとさせる。ヘアカラーは程度をわきまえて。

服の色、柄はシンプルで好感の持てるものを。襟ぐりが広いもの、ノースリーブは避ける。また裾から肌が見えることがあるので気をつける。
スカートやパンツは動きやすいものを。スカートの場合は丈に注意。
制服の場合は、シミや汚れがないよう、こまめにクリーニングする。

名札や襟章は、社則通りきちんとつける。

化粧は、厚化粧も、逆にノーメイクもマナー違反。仕事とプライベートのケジメをつける。香水のつけすぎは周りの人を不快にさせることがあるので要注意。

手は、清潔に。接客の機会の多い人は特に注意。

ツメは、長くしすぎて職場の雰囲気を損ねていないか。派手なマニキュア、ネイルアートはさけましょう。

靴は、営業などで外出が多い人はもちろん、デスクワーク中心の人でも高すぎるヒールは避ける。派手な色やデザインは職場に適さない。逆に、カジュアルすぎるもの、サンダル風のものもダメ。

覚えておきたい

ビジネス用語 ②

PDCA サイクル

Plan（計画）→ Do（実行）→ Check（評価）→ Act（改善）を繰り返す改善手法で、これにより業務効率化を目指す。

PL・BS・CF 計算書

財務諸表の基本要素である財務三表の略語。それぞれ「PL＝損益計算書」、「BS＝貸借対照表」、「CF＝キャッシュフロー計算書」を表す。

RPA

Robotic Process Automation。PC で行っている事務作業などを人が行う形で自動化するソフトウェアを指す。

SDGs

Sustainable Development Goals（持続可能な開発目標）の略称。2015年9月の国連サミットで採択された国際的な開発目標。

WEB3.0

管理者が存在しなくても、ブロックチェーン技術を活用して利用者同士がデータを管理可能な「分散型インターネット」のこと。

アジェンダ

会議や講演で取り扱う項目をリスト化したもの。冒頭に示すことにより議題から逸脱することなく、議事をスムーズに進められる。

アライアンス

「企業同士の提携」を表す。「両社間でアライアンスを結ぶ」というように使われ、共同事業を行っていく場合などに多く用いられる。

イニシアチブ

「主導」の意味を持つ。ビジネスの場では「業界でイニシアチブを取る」というように使われ、優位性を獲得することを表す。

イノベーション

「革新」の意味を持つ。「新しい技術の発明、新たな価値の創造」などを表し、社会に大きな変化をもたらすことを示す。

第3章

コミュニケーションの大切さは、仕事を進める度に痛感するはずです。社内外の人々とよい関係をつくれるよう、対人スキルを高めていきましょう。

「伝える」センスを磨こう

① 考えをしっかり伝える

コミュニケーションが苦手な若者たち

最近の若い人は対面でのコミュニケーション能力が低いといわれています。相手と面と向かって言葉をやりとりし、自分の意思を伝えると同時に、相手のことを理解するという、人間にとって極めて大事なことが、上手にできない人が増えているのかもしれません。

単に知識を得るだけであれば、雑誌や新聞、テレビ、インターネットといった、メディアが発信する情報を追っていくことで簡単に入手できます。日々の生活において、そうした情報を元に、さまざまな判断をしている人もいるかもしれません。しかし、メディアの情報だけで本当に十分なのでしょうか？　もっとあなたが頼りにできる価値ある情報が近くに見当たりませんか？

例えば、プライベートであれば家族や友人、会社であれば上司・先輩は、それぞれの経験に基づく「生きた情報」を持っています。そうした人たちから話を聞き、互いの理解を深めることで得られるものは多いはず。このコミュニケーションはあなたをより成長させてくれるでしょう。

言葉以外で伝える

直接の言葉のやりとりは、感情が行き交います。実は、会話でのコミュニケーションに占める情報の割合は、言葉の内容（言語情報）はわずか７％で、態度、顔つき、身振りなどのボディーランゲージ（視覚情報）が55％、声の高さ、速度などの話し方（聴覚情報）が38％といわれています（メラビアンの法則）。つまり、FAXやEメール

での言葉の交換では、書かれた文字の内容しか伝えることができません。直に会話を交わすことにより伝えられる感情や印象が、言葉による情報の内容に大きな影響を与えているのです。

コミュニケーションがないと……

コミュニケーションが取れなければ他人から学ぶこともできず、心や精神の成長はありません。

自らコミュニケーションの扉を閉ざしている人がいます。フェース・to・フェースで相手の目を見て話す、また言葉と言葉のキャッチボールをしながら、考えをまとめていくことが苦手な人も増えてきています。それは、情報収集をインターネットに依存しすぎているからだと指摘する人もいます。

また、相手に対して直接思いを伝え、考えを表明して、それが自分の目の前で拒否されるのが怖いのかもしれません。だからパソコンを介することで、ワンクッション置いた形での言葉のやりとりしかできないのでしょう。

しかし、フェース・to・フェースの会話をおろそかにすると、相手の感情を理解することができなくなります。「個」と「個」のぶつかり合いを経てお互いを理解し、協力し合うことで、新しい関係、価値を創造していくことこそがコミュニケーションの醍醐味なのです。

また、有用な情報を他人から得るためには、こちらも何らかの情報を与える必要があります。ギブ・アンド・テイクが成立して初めて、意味のある情報が手に入るということを知っておいてください。

② どんな手段で伝えるか

最良のコミュニケーションを選択する

　コミュニケーションの手段には、会話、電話、手紙、Eメール、FAXなどがあります。これらをTPOに応じて使い分けなければなりません。ビジネス社会では、同じコミュニケーション手段でも、使われるケースによって適不適があるからです。

　多くのシーンに共通するコミュニケーション手段で最適なのが会話でしょう。商談を例にとると、書類やEメールのやりとりだけで成約に至ることは難しく、基本は「対面販売」になります。相手の話をきちんと聞き、気配りある受け答えをし、タイミングを見計らってこちらの言い分を聞いてもらう。もちろん人は機械ではありませんから、礼を尽くし、相手の立場で物事を考えながら会話をすることが不可欠になります。

　また、コロナ禍の影響により、現代ではオンラインによる会話（会議、商談など）の機会も増えました。時間は共有できても、場は共有できないため、相手への配慮がより必要となります。直接出向くのか、オンラインのほうが良いのか、お客様のご意向に沿うようにしましょう。但し、重要な相談やお願い、お詫びなどの場合は、直接出向くことを申し出ましょう。

　商談だけでなく、重要な相談やお願い、お詫びなどの場合も直接出向いて対話することが必要です。

③ 上司ときちんと向き合う

自分を育ててくれるのは上司

　上司からの厳しい指導やノルマに嫌悪感を抱くこともあるかもしれません。しかし、その厳しさで自分が育てられたということに気づく日が必ず訪れるはずです。

　課長などの中間管理職は、上に対しては部下の利益を代表し、下に対しては経営トップの代弁をするという二面性があります。部下の失敗の責任や自分の意に反した上からの命令に悩むこともあります。

　部下を管理・監督する人の立場を理解すれば不満を持つことが減るでしょうし、自分から進んで指導を請うことで、上司はあなたのことを気にかけてくれるようになるでしょう。また、上司とのコミュニケーションでは、「ホウ・レン・ソウ（報告・連絡・相談）」（p.58〜59参照）も不可欠です。

上司に誘われたときには

　上司から食事やお酒に誘われることもあるでしょう。仕事を離れた席でも、たくさんのことが学べます。どうしても都合がつかないときには、誘ってくれたことへのお礼を述べたあとで、断る理由を説明しましょう。

　お勘定のときには上司が支払ってくれることもあると思います。こうした場合も、お金の絡むやりとりですので謙虚に、慎重になる必要があります。これは同僚との付き合いでも同様。せっかく良い関係を築いたのに、お金のせいで台無しにすることは避けたいものです。

　その場はもちろん、食事の翌日にも、「昨晩はありがとうございました」とお礼の挨拶も忘れずに。

④ 謙虚な姿勢で先輩から学ぶ

「長幼の序」は現代でも大切

　新入社員や入社１〜２年目の社員は、将来の可能性があり柔軟性に富む一方で、すぐに会社に貢献できるわけではありません。会社に貢献できる存在となるために自らのスキルを高めていくには、経験のある先輩から教えてもらわなければならないことは多いはずです。

　そのためには、「長幼の序」を大切にしなければなりません。単に年長者を立てるということだけでなく、年齢とともに実績を積み重ねた人という意識を持つことで、そのケジメの大切さもだんだんとわかると思います。

　あなたが厳しい言葉でも真剣に受け止める謙虚な姿勢を示すことで、先輩たちはきっと応えてくれることでしょう。

親しんでも一線を越えない

　あなたが先輩たちとの付き合いを難しいと感じているように、年長者も若い人に気がねしている面があります。まずは自分から進んで挨拶し、先輩が話をするときは真摯に受け止める姿勢を持ってください。

　このとき、礼儀を尽くすことを絶対に忘れないでください。具体的には、先輩を立てることはもちろん、先輩同士の話に割り込む、先輩を差し置いてでしゃばった発言・態度をとることは控えなければなりません。たとえ公私ともに親しく付き合う間柄になっても、最低限の敬語を用いた会話を心がけましょう。「ナベさん」「ヤマさん」などと愛称で呼び合う職場もありますが、心の中では「無礼なやつだ」と思われているかもしれません。注意しましょう。

先輩にたてつかない

先輩は、自分に反抗する後輩が正論をいえばいうほど、憎たらしく思うでしょう。それが人間の感情というものです。公式な場で堂々と自分の意見をいうのは大いに結構ですが、先輩にたてついたり、先輩を差し置いてでしゃばったりすれば、いつかそのしっぺ返しをされるのがオチです。

進んで先輩の指導を受ける

先輩は失敗を含め多くの経験を積んでおり、後輩に同じ失敗やつらい思いをさせたくないと思っています。また、こうすれば早く、上手にやれるというノウハウも持っています。しかし、それを一から十まで手取り足取り教えることを控えています。何より自分で学びとることが大事だということを自らの経験でわかっているからです。でも、どうしてもわからないこと、次の段階に進むための壁にぶつかったときには、積極的に先輩の指導を受けましょう。

もっとも、自分で手順書を見たり考えたりしないで、わからないことがあるとすぐに先輩に聞く人がいます。先輩に指導を仰ぐことは間違いではありませんが、まずは自分で考え努力することが、その前段階になければなりません。

仕事を進めていくうちに、先輩から協力を求められることもあるかと思います。職場はチームプレーが大切です。先輩を立てるのはもちろんのこと、人の好き嫌いなどを理由に協力を拒むことがあってはなりません。

これは、先輩だけでなく同僚でも同じです。ライバル意識を持つ人もいるかもしれませんが、仕事では協力することが何よりも大切です。裏切るような行為をすれば、周囲からの信頼を失います。常に助けあい、そして感謝の気持ちを忘れないようにしましょう。

⑤ 誠実なクレーム対応を

現代は「クレーム社会」

いまや「クレーム社会」と呼ばれるほど、クレームは多く、その対応は企業の経営にとって重要な要素となりました。背景には、マスコミの影響、インターネットや携帯電話などのモバイル・ツールの進化による情報の氾濫があります。インターネットには即時性、匿名性、簡便性という特徴があり、誰もが軽い気持ちでクレームをいうことができるのです。クレームはできれば避けたいもの、受けたくないものと思うかもしれませんが、クレームは苦情ではなく（元は「権利を主張する」という意味）、お客様の主張や要望であるととらえれば、積極的な対応で経営改善に生かすことができます。

顧客の心をつかむ対応

「もう買わない」「二度と来ない」と思った顧客のほとんどは、クレームすらいわずに離れていきます。その商品やサービス、会社に少なからず関心や期待があるからこそクレームをつける人が多いです。「傘の水滴で靴や服が濡れて困る」というクレームをきっかけに開発された「濡れない傘」などヒット商品になった例もあります。また、スーパーなどで見かける「ワケあり商品」も、普通の価格ならクレームがつくものをどうやって売るかという思考から生まれたものです。このようにクレームから転じて顧客満足や顧客感動につなげ、固定客やお得意様を増やし、また口コミで新規顧客を獲得できるかもしれません。反対にお客様が不満を感じる対応しかできなかった場合、次に購入し

ていただく機会を失うだけでなく、さらに強い口コミの影響で潜在的なお客様をも失う可能性もあります。

クレーム対応の基本

　クレームは最初の対応ですべてが決まるといっても過言ではありません。ほとんどのお客様は、起こったことより、その後の対応の仕方で信用できる企業か否かを判断します。応対の基本は、積極的にお客様の言い分を聞くこと。お客様は自分の言い分をとにかく聞いてもらいたいのです。それを軽く受け流し、逃げ腰になれば、お客様は敏感に察知し、怒りを倍増させるでしょう。クレーム対応でしてはいけないのは、自分では判断しかねるからと、先輩や上司に対応を押しつけるような責任逃れの態度。どんな対応ならその会社を誠実だと感じるか、お客様の立場になって考えること。それにより「敗者復活のチャンス」に変えることができるはず。

クレーム対応の注意点

スピードが勝負▶電話の保留は30秒以内、折り返しの電話は1時間以内、メールの返信は24時間以内、などのルールを決めておきましょう。

聞き上手になる▶反論をせず、お客様の話を徹底的に聞きましょう。社内事情などを持ち出して経緯を説明しがちですが、お客様にとってはどうでもいいことで、かえって反感を買ってしまいます。

わかりやすい説明を▶専門的な用語は避け、わからない部分は何度でも説明しましょう。

あいまいなことをいわない▶もっとも大切なのは「できないことはいわない」ことです。また、感情的な応対、クレームを軽視するような態度も絶対にいけません。

⑥ 楽しく健康に働くために

　最近は仕事と生活の調和を図る「ワークライフバランス」といった言葉がよく聞かれるようになりました。2007年には内閣府が「ワーク・ライフ・バランス憲章」を策定。多様な働き方が選択できる社会の実現に向けた取り組みや、共働き世帯における夫婦の役割分担、育児や介護、長時間労働の問題などについて活発な議論がなされており、官民挙げての「働く環境の整備」が進められています。

職場でいきいきと働くために

　しかしいくらワークライフバランスがいわれ、上司や同僚と上手なコミュニケーションがとれても、仕事をするうえでストレスはつきものです。そこでストレスと上手に付き合いながら、職場で元気に働くために、ときにはあなた自身と向き合ってみる時間を持つことも必要です。

　厚生労働省が2000年に発表した「事業場における労働者の心の健康づくりのための指針」では、従業員がストレスをためて、近年増えている、うつ病や燃え尽き症候群、適応障害といったメンタルヘルス不調を起こさないように、「心の健康」を重んじた次の4つのメンタルヘルスケアの推進を定めています。

①労働者自身による「セルフケア」

②管理監督者による「ラインケア」

③事業場内の健康管理担当者による「事業場内産業保健スタッフ等によるケア」

④事業場外の専門家による「事業場資源によるケア」

このなかで入社したてのあなたに覚えておいてほしいのがセルフケアです。

　世の中にストレスを感じない人はいません。特に新人のうちは慣れない仕事に追われるプレッシャーや、会社で長時間働くという生活環境の変化から、知らず知らずのうちにストレスをためやすいものです。仕事をがむしゃらにがんばることは大事ですが、気づいたときには仕事ができない状態になっていることもあります。

　仕事で何らかのストレスを感じたときに、何がストレスの原因なのか、朝起きて会社に行くのがいやなときどうすればいいのか、気持ちが浮かないときに誰に相談すればいいのか、自分はどんなストレスに強く、どんなストレスに弱いのか——。そんなあなた自身の傾向を知り、正しいメンタルヘルスケアの知識をもってストレス状態に適切に対処し、メンタルヘルス不調に陥るのを未然に防ぐ、これに日ごろから気を配るのがセルフケアです。

　また、セルフケアと同じくらい重要なのがラインケアです。この先あなたが会社でキャリアを積み、上司（管理者）になって部下を持ったとき、部下がメンタルヘルス不調に陥らないよう、率先して声をかけて、SOSに早めに気づいてあげてください。仕事の量は適切か、毎日残業が続くようならほかの人と分担できないか、過度なプレッシャーがかかっていないか、最近遅刻が増えていないか、人間関係で問題を持っている様子はないか。これらを知るためには、日ごろから部下とコミュニケーションをとり、「部下の普段の状態」を知っていなければなりません。

　ラインケアはまだ少し先の話かもしれませんが、職場でいきいきと働くために、上司や同僚とのコミュニケーションだけでなく、まずはあなた自身を見つめ、まっすぐに向き合ってみることが大切です。

覚えておきたい
ビジネス用語 ③

インクルーシブ

「包み込むような／包摂的な」という意味。人間の多様性を尊重し、障害を抱える方や高齢者等を排除しない社会を作ろうという考え方。

インセンティブ

企業、組織、個人が行動するための動機づけ。目標を達成した際に支払われる報奨金の意として多く使われている。

エビデンス

本来、学術的な証拠、根拠、裏付けの意味。会議などで内容をエビデンス（証拠）として残しトラブルを回避するためにも残しておく。

キャッシュフロー

現金収支における内部留保金。「流入＝キャッシュインフロー」、「流出＝キャッシュアウトフロー」と言い、この総称。

クラウドファンディング

インターネット上で組織や個人などが出資を呼びかけ、それに賛同した不特定多数の出資者から資金提供を受けることを言う。

グロス・ネット

「グロス＝総体」、「ネット＝正味」の意味を持つ。例として商品販売では、売価をグロス、原価をネットのように使う。

コミットメント

「約束する」「責任を持って介入する」「深く関わる」など積極的な関与を示す。省略され「コミットする」と使う場合もある。

コンセンサス

多人数における合意。「〜を得られていない」などに使われる。同意を意味するアグリーメントとは使われ方が異なる。

コンプライアンス

法令、企業倫理の遵守。最近は企業の不祥事に対し、社会の目は厳しくなっていることから非常に重視されるようになっている。

第4章

実務のキホンを覚えよう

実務には事前に覚えておいてほしい最低限の基本やルールがあります。ホウ・レン・ソウや PDCA を身につけ、働く上での礎としましょう。

① ホウ・レン・ソウを心がける

　上司に伝えるべき事項には報告・連絡・相談の３種類があります。これを「ホウ・レン・ソウ」と呼びます。仕事を滞りなく、正確に進めるために必要なポイントです。

人▶仕事の指示を受けた人に報告します。

タイミング▶仕事が完結したらできるだけ早く行います。時間を要する場合もあるので、事前に「○○の件について報告したいのですが、今○分ほどよろしいでしょうか」と断りを入れます。

正確でわかりやすい報告を▶結論→現状→原因（理由）→対策の順で報告します。

内容によっては結論だけでも構いません。だらだらと前置きばかり長く、結論がなかなか出てこない報告はもっとも嫌われます。簡潔で正確なものにするために言葉を選び、同音異義語や話し言葉など、理解されにくい言葉は使わないようにします。また、独りよがりにぺらぺらと一方的に話すのではなく、相手の理解の度合いを確かめながら話を進めていかなければなりません。

事実をありのままに▶事実と自分の意見を混同しないこと。特に失敗したときは言い訳や失敗した理由ばかりを述べ、事実を隠そうとする傾向は誰にでもありますが、そういう報告では適切な処置がとれません。

要点をもれなく▶報告は長ければよいというものではありません。5W2Hをおさえて報告しましょう。

了解を得る▶報告しただけでは意味がありません。
報告を行った相手の了解や意見を聞き、次の仕事につなげます。

臨機応変に▶長期にわたる仕事の場合は、中間報告をしましょう。また文書報告する事項でも、上司が結果を早く知りたがっている場合は口頭で行います。

連絡で情報の共有化を

連絡は迅速にこまめに行うこと。口頭、電話やEメール、メモなどを使い分けて素早く行いましょう。遅刻・早退・欠勤の連絡、外出先、戻りの時刻、急な連絡先などを伝えることも、業務を滞らせないために必要な事項です。大人数に知らせる際は、朝礼・終礼や会議などの人が集まる機会を利用し、社内報や同報メールを使います。

電話を受けた場合の連絡は特に正確に行わなければなりません。メモに日時、会社名と氏名、要件（電話を折り返す必要があるのか、伝言の有無など）を明記しましょう。電話を折り返す場合は、念のため相手の電話番号をうかがいます。また、電話を受けた者の氏名を忘れずに書いておくと、連絡のミスを防ぐことができます。

相談で仕事の中身を深める

仕事は1人で行っているものではありません。新人として、仕事の中で疑問や不安があるのは当然です。自分で判断せずに必ず相談しましょう。自分がとった行動や考えたことを報告しアドバイスを受けます。

また、業務に関する相談以外でも、社内での人間関係や仕事全般の進め方といった悩みも、機会を見つけて話してみるとよいものです。信頼関係を強め、相手の考え方や立場について理解を深めたり、社内の改善につながります。

② 字は丁寧に読みやすく

　ビジネスでは楷書が原則です。自分の名を崩して書いたり、クセのある字を書く人がいますが、読みづらいと相手に迷惑をかけますし、クセ字も嫌がられます。

　また、数字には特に気を遣わなければなりません。仕事で使われる数字は日時、数量、お金の計算など絶対に間違えてはいけないもので、1と7の違いでも大混乱に陥ります。人に「あなたの字は読みにくい」と指摘されたなら、それが一生ついて回らないよう努力して直しましょう。

誤字・脱字をなくす

　誤字や脱字は、書いた人の能力や人格さえも疑われます。日本語には同音異義語が多いので、常にデスクには辞書を置き、あやふやな字は確認を。また文章は、作成後に読み返すこと。これはパソコンでの文書作成のときも同様です。

ビジネス上の難しい字に慣れる

　社外文書など、儀礼的な文章には、漢文調、文語調の文体、言い回しがまだ多く使われています。そういう文体のほうが丁寧で、相手を敬っているように見えるからです。したがって、いつもそれらから逃げ回るのではなく、積極的に学ぶ姿勢が必要です。

③ 5W2Hで仕事を進める

一つひとつの仕事を的確に処理していくには、仕事を始める前と後でチェック項目をあらかじめ用意し、それを基準に点検していくことが必要です。

実力あるビジネスパーソンが心がけているのが「5W2H」の実践です。上司から命令・指示を受けるとき、報告をするとき、文書を作成するとき、電話の応対をするとき、計画・企画をするとき、「5W2H」はあらゆる場面で応用できます。「5W2H」を仕事の中で習慣化し、仕事のプロを目指しましょう。

■指示・命令の受け方の例

WHAT	何をするのか
WHO	誰がするのか
WHEN	いつするのか
WHERE	どこでするのか
WHY	なぜするのか
HOW	どんな方法でするのか
HOW MUCH / MANY	どれくらいなのか

これを仕事に当てはめると

上司から下記の指示がありました	WHAT	書類のコピー
会議の資料に使うので書類を20部、A4判で午後2時までにコピーして上司に渡すこと	WHO	自分が
	WHEN	午後2時まで
	WHERE	自社のコピー室
	WHY	会議の資料に使用する
	HOW	A4判で
	HOW MANY	20部

④ 仕事を効率化するPDCA

仕事を間違いなく効率的に進めるには、「PDCA回路」、つまり計画（Plan）→実行（Do）→評価（Check）→改善（Act）のマネジメント・サイクルが有効です。これは組織全体のものとは限らず、各自の仕事にも適用されます。

例えば、コピーをとる仕事では、「いつまでに」「どの大きさで」「どれだけ」コピーするかを考え（計画）、コピー機を作動させ（実行）、「3枚コピーし損なった」「紙がひと回り大きすぎた」と評価し、次回は反省を生かしてさらによい仕事を行う（改善）——という手順です。

あらゆる仕事にPDCA回路を意識し習慣づけることで、あなたの業務効率は格段にアップするはずです。

「計画」で考えること

・会社や上司の方針に従い、優先順位を決める。
・同じ性質・種類、同じ形のものはまとめてやる。
・もっと能率的にやる方法はないか考える。
・関連書類、過去の実績やデータをそろえる。
・協力を依頼する人、部署を想定し、準備する。
・いつまでに仕上げるかの予定を立てる。
・必要な材料・道具を用意する。

■ PDCA回路のポイント

5W2Hをおさえたか、達成可能か

予定通りに進んでいるか

計画（Plan）

実行（Do）

マネジメント・サイクル

改善（Act）

評価（Check）

反省点は何か、次にどう生かすか

計画通りに行われたか

⑤ ミスの防止と対応

ミスを防ぐためのルール

　難しい仕事にミスが多いとは限りません。単純な仕事に気を緩めて取り組んでいて起こるミスこそ多いものです。

　次の項目を頭に置き、ミスを最小限に抑えましょう。

・仕事のやり方を正確に覚え、教えられた通りにやる。
・仕事のルール、指示・命令を忠実に守る。
・自信のない仕事には、よく指示を聞いてから取りかかる。
・注意力・集中力を傾け、慣れによる油断をなくす。
・体調や心の安定を図る。
・整理整頓を怠らない。
・仕事の仕上がりをチェックする。

ミスを犯してしまったら……

・間違いを指摘されたら素直に謝る。ミスを隠そうとしたり言い訳をすると、そのミスがよけいに目立つ。

・軽いミスで自らカバーできる場合、自分で処理してよいが、できれば上司に報告し指示を受ける。失敗の報告はしづらいが、報告が遅れるとますます事態は悪化する。

・ミスを犯した原因を究明し、二度と同じ失敗を繰り返さないよう気を引き締める。責任の転嫁ばかり考えていては、上司や同僚から信用を失うだけでなく、また同じ失敗を繰り返すことになる。

63

⑥ 指示・命令を受けたとき

上司に呼ばれたときの行動

「〇〇」さんと上司から呼ばれたら、「はい」と明るく返事をし、メモと筆記具を持ち、上司の席へと足を運びます。そして、「お呼びでしょうか」と待機の姿勢をとります。席に着いたまま顔を向け、「何ですか」と応えるような横着な態度をしてはいけません。

指示・命令を最後まで聞く

指示・命令を聞きながらメモをし、途中で口をさしはさまないこと。疑問点、確認したい点があったら、上司の話が終わった段階で尋ねます。

聞き返したり、質問することは恥ではありません。あやふやなまま命じられた仕事をやって上司の意図に反する結果を出すほうが問題です。

内容を整理し、最後に復唱する

指示・命令の内容を「5W2H」(p.61参照)に従って整理し、「……ということですね。かしこまりました」と、最後に復唱します。

また、「手のすいたときにやってくれればいいから」といわれても、できる限り早く仕事に手をつけることを心がけます。進捗を報告する過程では、スケジュールや締切の確認を忘れないようにしましょう。

安請け合いはしない

急ぎの仕事を複数抱え、ほかの仕事をやる余裕がないの

に重ねて仕事を命ぜられたら、事情を説明し期日を延ばしてもらうか、ほかの人に頼むようお願いします。期日までに仕上げられず上司の仕事に支障をきたすことは、重大な問題です。

指示・命令がかち合ったときは

いくつかの指示・命令がかち合ったら、それぞれの仕上げの日時を問い、優先順位を確認して急ぎのものから片づけていきます。その場合、あらかじめ終了予定計画を自分で作成し、それに沿って仕事を進めていきます。仕事が立て込んでいるときほど、余裕がないためミスも発生しがちになります。計画的に、落ち着いてこなしていくよう心がけましょう。

■指示・命令の受け方の例

上司：「田中さん、ちょっと来てください」
田中：「はい」 ▶すぐに返事を！
上司：「これをワードデータにして、コピーを2部、今日の5時までに、作成してください」
田中：「キャンペーン報告を5時の本社便に乗せなければならないので、5時までには間に合いませんが、明日の朝10時までならできます」
　　　▶できないことは、なぜできないかを明確にし、いつならできるという前向きな姿勢を！
上司：「では、明日朝10時までにつくってください」
田中：「はい、かしこまりました」 ▶いやな顔をせず快く！
上司：「遅れないようにお願いします」
田中：「はい。それからコピーはA4判の大きさでよろしいですか？」
　　　▶不明な点の質問
上司：「B4判にしてください」
田中：「かしこまりました。ワードデータにしてB4判のコピーを2部、明日朝10時までに作成いたします（します）」
　　　▶内容の再確認

Eメールの位置づけ

　ビジネスのコミュニケーション手段として、Eメールが一般的になりました。しかし、急速に普及したため、ルールにあいまいな部分があり、知らないうちに礼を失する場合もあります。

　送り先のEメールを受け取る環境などを確認したうえで、Eメール以外にも、封書、ハガキ、FAXなどのうちから適切な手段を選びましょう。

Eメールになじまないもの

　儀礼的なものや、謝罪の意を表したいときなど、Eメールは使用しないほうがよいでしょう。

　礼状・見舞状・案内状、異動・転勤などの挨拶状▶書面にして郵送します。ハガキでよい場合もあります。

　慶弔の事項▶書面にして郵送します。

　詫び状や弁明状▶お詫び、謝罪は訪問して直接行うのが原則です。迅速な対応を、とEメールで謝罪していっそう相手を怒らせてしまったという話もあります。訪問できない場合は丁重な書面を送ります。

　トラブルやクレームの処理▶訪問か書面による丁寧かつ冷静な対応が求められますが、最近ではEメールによるクレームが多くなっています。その場合はできるだけ早く返信することが必要です。

ビジネス文書としてのマナー、ルール

　要点を箇条書きで伝える▶相手に理解してもらう、ある

いは説得するという場合、冗長な文章ではまず最後まで読まれることは期待できません。短く簡潔に、が基本です。さらに、要点を箇条書きにすることで相手の理解をうながします。長くなる場合、添付ファイルとして送りましょう。

改行、スペースを適切に ▶本や書籍でも、ビッシリと文字が詰まった分は読みにくく、敬遠されます。内容ごとに改行するなど、読み手の立場に立ちましょう。

件名はできるだけ具体的に ▶単なる「ご連絡」などの件名は、何も書いてないに等しいものです。「打ち合わせ時刻のご案内」というように、相手がすぐに見当がつくものにしましょう。また、大量のEメールを処理する相手にはまず読んでもらうことが大切です。件名から目立つ工夫をしましょう。例えば、「売上予測」よりも「新規取引先開拓〇件、売上10%増の見込み」のほうがはるかに目を引きます。回答や意見を求める場合も件名にその旨を明記しておけば、早めに返信が来ることが多いものです。

絵文字は厳禁 ▶プライベートなEメールではありません。「(笑)」なども同様に使用は禁物です。

署名は必須 ▶社名、氏名、連絡先がメール本文に入るよう設定する。

引用、添付ファイル、使用文字の注意 ▶長い引用文やサイズの大きい添付ファイルは、受信・閲覧時に無駄な時間を費やします。また、機種依存文字は文字化けを起こすこともあるので、使用に注意が必要です。

受信したEメールを無断で転送しない ▶業務上の秘密厳守、プライバシー保護の観点から問題があります。

TO、CC、BCCを使い分ける ▶TOは送信先、CCは参考として見てほしい相手に送る場合に使用します。し

たがって、明確な返信を期待しているのは TO で送信した相手であるという意思表示にもなります。また、TO、CC の送信先には存在を隠したい場合には BCC を使います。ただし、ビジネスメールである以上、ほかの送信者への信頼を裏切ることにもなりかねないため、BCC を使用する場合には細心の注意が必要です。

社内メールのエチケット

情報を多くの人に、同時に早く簡単に送ることができるのが E メールの長所です。とはいえ、多用は御法度です。

わざわざ E メールを使わない▶直接話せばよいことについて使用する必要はありません。話がこじれたり人間関係がうまくいかなくなるケースは意外と多いものです。

送信相手を吟味する▶同報送信を、関係のない部署にまで送るのは避けましょう。

速やかに返信する▶１日に何度かはメールチェックの時間をつくり、受信した E メールには必ず、すぐに返信しましょう。24 時間以内の返信がビジネスマナーでの目安です。

私用メールは厳禁

絶対に許されないのは、会社の業務とは関係のない私用に会社のメールアドレスを使うことです。最近は私用メールの管理を厳しくする会社が増えています。また、会社の E メールを私用のアドレスで送受信することも避けたほうが無難です。

⑧ ビジネス文書の書き方

どんなものを文書報告するか

・文書報告を義務づけられているもの、つまり、業務規定に定められていたり、慣例となっているもの。
・報告内容を回覧し、記録にとどめ保存したりするもの。
・内容が複雑で、口頭報告では理解されにくいもの。
・正確さを要求され、数字や統計資料を記載するもの。

ビジネス文書の特徴と心得

　私的な手紙などとは違い、ビジネスで使われる文書には明確な目的があります。またビジネス社会に通用する形式に則って書かなければなりません。

　ビジネス文書の注意点は、①正確で簡潔、具体的である、②誰に何を読ませるか目的がはっきりしている、③読みやすい、④書き手の意思が十分伝わる、⑤形式やマナーに落ち度がない、などが挙げられます。

社内文書の作成ポイント

　文書の形式を覚えてしまえば、作成はそれほど困難ではありません。簡潔な表現を工夫してください。上司へ提出するものだからといって、敬語の使いすぎは禁物です。

社外文書の作成ポイント

　社外文書も基本は社内文書と同じですが、形式がより複雑になり、若い人が使わないような挨拶、修飾語を多用しなければなりません。最初は基本的なパターンだけを覚え、あとは文例集などを参考にすればよいでしょう。

■報告書の基本形

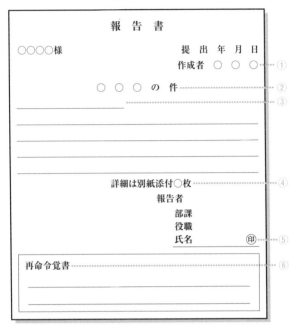

① 作成者

　通常は報告者と同一になる。

② 件名

③ 本文

　結論から簡潔に。経過はもれなく書き、最後に理由や反省点を述べる。

④ 添付書類について

　不十分と思われる場合のみ、別紙に書いて表示しておく。

⑤ 報告者

　報告の責任者である。

⑥ 再命令覚書

　命令した者が必要のあるときにのみ使う。

　※社内・社外文書には当てはまらない。

■社内文書の基本形

①整理記号・番号

部課、業務別に整理番号を記す。

②発信日付

「作成日」ではなく「発信日」を書く。

③宛名

基本的には部署・役職名。個人名を入れる場合は2行目に。

④発信者名

末尾に押印する。

⑤件名

⑥本文

儀礼的な前文は省く。重要事項は「記」として箇条書き
にする。

⑦連絡先

71

■社外文書の基本形

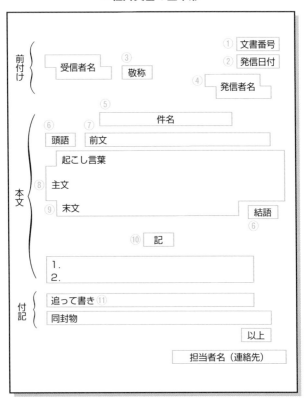

①文書番号

　文書内容や種類別、部課・業務別、取引先別などに分類して整理番号を記す。

②発信日付

　後日の確認のために「発信日」は忘れない。

③受信者名・敬称

　社名、部署名、役職名、氏名などを略さずに書く。

　受信者名には必ず敬称をつける。通常、個人あては「様」、団体あては「御中」、多数あてには「各位」。「殿」は官

公署の文書に使われるが、個人では目下の人に使うので、社外のビジネス文書では使わないほうがよい。役職者にも、例えば「営業部長○○○○様」のようにしたほうがよい。

④発信者名

社名、職名、氏名など。住所は省略してもよい。正式には印を押す。

⑤件名

「標題」ともいい、新聞の見出しの働きをする。「……について」「……の件」が一般的で、前文、主文より大きめの字にする。礼状の場合は必要ない。

⑥頭語・結語

頭語は、文書の書き出しに使い、相手に敬意を表す。各頭語にはそれと対になる結語を使う（p.125参照）。

⑦前文

時候の挨拶、安否の挨拶、感謝やお詫びの挨拶などを書く。ただし、内容によっては、前文は省く場合もある（p.125参照）。

⑧主文

「起こし言葉」の「さて」「つきましては」などから入り、伝えたい用件を述べる。

⑨末文

締めくくりの挨拶などで結ぶ（p.125参照）。

⑩記

日時・場所・数量などの重要事項を、相手にとってわかりやすく表示するために、主文から切り離して箇条書きにする。

⑪追って書き

主文中に書きもらしたこと、強調したい内容を「追伸」として記す。

⑨ 恥をかかない宛名の書き方

新入社員は、手紙やハガキの宛名書きをさせられること
が多いものです。そのとき基本を知らないと大きな恥をか
きます。それは書き手本人にとどまらず、それを書かせた
会社や上司の恥となります。以下の点に注意しましょう。

敬称のつけ方の注意点

個人には「様」が基本▶「殿」は目下の人に使うのでビ
ジネスではほとんど使われません。「○○営業部長殿」
よりも、「営業部長○○様」のほうがよいでしょう。

社名、団体名、部署名あてに出すときは「御中」▶「○
○株式会社御中」「財団法人○○会御中」「△△株式会社
営業部御中」など。

その他の注意点

相手の名前には略字を使わない▶「関」を「㒼」とした
りしないこと。また、「沢」は略字ではないが、相手が
名刺などで旧字を使っていれば「澤」を使います。

「株式会社」を「㈱」などと省略しない▶「株式会社」
が頭につくのを後ろにするなどの間違いにも注意。

楷書体で書くのが原則▶昔は目上の人に手紙を書くとき
に、できるだけ手数をかけ丁寧に書くのが礼儀で、正字
あるいは旧字（「澤」「廣」「齋」など）で宛名を書きま
した。現在でも、人名は略された書体ではなく、固有の
正しい書体で、そして楷書体で書くのが礼儀です。

**住所、宛名、差出人などの字の大きさは全体のバランス
を考える**▶右ページの実例を参照のこと。

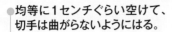

● 均等に1センチぐらい空けて、切手は曲がらないようにはる。

● 上から1文字分あける

● 右へ寄りすぎないように1センチくらい空ける。

1070000

東京都港区○○七丁目三番二号

株式会社　セイワカイ

総務部長　田川正実様

● 宛名は封筒の中心に来るように、肩書きは氏名の上へ小さく書く。

● 敬称はあまり下がらないように、下から3センチぐらいのところで止める。

● 敬称よりも下がらないようにする。

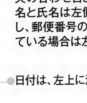

〆

平成○年○月○日

〒一〇〇－〇〇〇〇

千代田区○○一丁目三番五号

東京産業　株式会社

営業部　佐藤一郎

● 封字の「〆」「封」「緘」を書くか判を押す。

● 差出人の住所は、封筒の中央の合わせ目より右側に、社名と氏名は左側に書く。ただし、郵便番号の枠が印刷されている場合は左に寄せる。

● 日付は、左上に漢数字で書く。

サスティナビリティ

持続可能性。企業が製品、サービスを将来に渡って提供出来るかを示す。財務、環境、社会全ての方面からの持続性を意味する。

サブスクリプション

提供する商品やサービスの数量ではなく、利用期間に対して対価を支払う方式。「定額制」と同じ意味で用いられることが多い。

シェアリング・エコノミー

共有型経済。個人ではなく、複数で分け合って物やサービスを利用すること。車を共有するカーシェアリングが急速に拡がっている。

シナジー

相乗的な作用を表す。「〜効果」。個別同士で行うよりも高い結果が期待、もしくは、得られる場合などに使用。

スキーム

「枠組みを伴う計画」「計画を伴う枠組み」。どういった仕組みで計画を実行していくのかを表す。

スタートアップ

創業間もないこと、起業することとして使われる。本来は「始動」や「始める」といった意味を持つ。

ステークホルダー

利害関係者。企業に関わる全ての利害を得る物を指す。株主、役員、従業員（の家族）、顧客、仕入先、地域、社会など。

ステルスマーケティング

消費者に宣伝と解らないように宣伝をすること。モラルの観点から問題視される。略称は「ステマ」。

セグメント

階層。マーケティングでは消費者の動向や購買ニーズなどを分けて捉える為に用いられ、ターゲットの絞込に有効な手段となる。

第5章

話す力・聞く力を高めよう

コミュニケーションの基本は会話。しかし、誤った話し方や聞き方をすれば、悪い印象を持たれてしまいます。正しい会話術を身につけましょう。

① 大人の会話をマスターする

学生言葉はいっさい通用しない

ほとんど同世代との付き合いしかしてこなかった学生時代とは違い、これからは、年長者、お客様など、立場や地位の異なるさまざまな人たちと付き合うことになります。

そのとき重要なのが言葉遣いです。「大人」が支配している企業社会では、大人のルールに従わなければなりません。大人の会話に耳を傾け、すべてを吸収するように努力しましょう。

言葉は文化、アイデンティティそのもの

私たちが日本人であるゆえんは、日本語を話し、日本語でものを考えることです。民族独自に受け継がれてきた言語が、他民族の言語に征服されてしまった例は世界中で数多くあります。むしろ日本のように独自の言語を持ち続けてきた民族のほうが少数派です。民族の言語を失うことは、すべてではないにしろ、文化をも失うことになるのです。

そう考えると、私たちはもっと日本語を大切にしなければなりません。「母国語は文化である」という認識を持って、正しい日本語が話せるように努力しましょう。

1日も早く敬語をマスターする

シンプルでストレートな英語などの言語とは異なり、日本には礼儀正しさや思いやり、尊敬といった気持ちを込め、相手の立場や状況を重んじる文化があります。

「自分がへりくだり、相手を立てる」という日本独自の文化が凝縮されているのが敬語です。大人として、企業社

会の一員として、日本語を正しく使いこなすためには、敬語は避けて通れません。先輩たちの会話によく耳を傾け、1日も早く敬語をマスターするように努力しましょう。

大人の会話の基本として、次のことは守りましょう。

「です」「ます」で語尾をはっきりさせる ▶職場内ではこれで通用するが、社外でも徐々に正しい敬語が使い分けられるようにする。

話すときの態度、表情、声の調子にも気を配る ▶心理学者のメラビアンによると、人間の意思の伝わり方でもっともインパクトを与えるのは、態度、表情、服装など目で知覚したもの（55％）。次は声の調子（38％）で、言葉は7％にすぎないとの報告がある。大いに気をつけたい。

相手に応じた話し方をする ▶相手がお客様か上司か同僚かで話し方を使い分ける。それとともに、相手が嫌がったり、気にしている言葉を避けるように気を配る。

■改めるべき言葉遣い

改めるべき言葉	改めた言葉
ぼく、おれ →	わたくし、わたし
うん、あっ →	はい
うち →	わたくしども、弊社
おたく →	○○様、御社
マジっすか →	本当ですか（……っす→です、でございます）
あちら、あの人 →	あちらの方
できません →	（あいにくですが）いたしかねます
すいませんけれど →	恐れ入りますが
してください →	していただけますか
手伝ってあげます →	手伝います
ムリです →	少々難しいかと存じます
していいですか →	してよろしいですか
ないです →	ございません、あいにく切らしています

話し方・聞き方の留意点

> **話すタイミングを考える**

　相手の都合を考えず、突然話しかけないこと。上司に話しかけるときは、「お話ししたいことがありますが、３分ほどよろしいですか」など、まず都合を聞くのが礼儀です。

> **結論を最初に**

　失敗をしたときや結果が思わしくないとき、結論を先延ばしにしがちです。相手はまず結果を聞きたいので、結論や結果を最初に述べ、その後、現状、原因、対策の順で話します。内容がいくつにも及ぶときは、「お話ししたいことが３つあります。１つ目は……」と、まず用件を整理します。

> **クセやはやり言葉を直す**

　「やっぱり」「結局」「いわゆる」などの言葉を濫用すると聞き苦しいものです。「あのー」「えーと」などが多すぎるのも気になります。また、ものをいじりながら話す人がいますが、こうしたクセはやめましょう。

　また、「……とか」「……のほう」などが多用される傾向がありますが、「とか」は英語で「or」「and」の意味。「は」「を」の助詞と履き違えているのです。「ほう」もまったく無意味に使われています。「お荷物のほうは受付のほうで係のほうがお預かりします」では聞き苦しいだけです。「お荷物は受付で係がお預かりします」で十分です。

> **きちんと聞く姿勢を示してメモをする**

　自分の話をいい加減に聞かれることほど不愉快なことは

ありません。同僚でも同じですが、お客様や上司の話をうかがうときは、「拝聴する」という姿勢、態度を示します。その場合、雑談を別にして、メモをして「一言も聞きもらさない」という構えを見せるのがよいでしょう。メモをとりながら拝聴すれば、相手はメモがしやすいように、わかりやすく、しかも論理的に話してくれるはずです。それにメモをすれば聞いた話も忘れにくくなります。

いろいろな表現がある上司の命令

上司が指示・命令を出す際には、「……してください」「……お願いします」という直接的な表現が一般的です。しかし、「……してくれると助かるんだが」「どうだろう、ひとつやってみないか」と、依頼、願望、意向の打診という表現をすることもあります。実はこれらが命令だったりすることがありますので、注意が必要です。この呼吸を飲み込まないと、「あれっ、この前頼んだ仕事どうなった」などと行き違いが起こることがあります。

「クッション言葉」を多用する

「ありません」「できません」といきなり否定の言葉を発したり、突然「……してください」とお願いすると、ぶっきらぼうで冷たい印象を与えます。そこで、「あいにくですが」「申し訳ありませんが」「恐れ入りますが」といった「クッション言葉」をおりまぜると、丁寧な応答になります。また、「部長がご指摘のように」「課長がおっしゃったように」と、相手を立てるような切り出し方をすることも大人の会話では大切です。

③ 上手な聞き方とは

話す人に心を傾ける

「耳は２つ、口は１つ」とすれば、話すより聞くほうに２倍の時間と情熱を注ぐべきでしょう。話し手は、聞き手の様子を敏感に察します。耳が留守になっていれば、ナマ返事しかできず、印象も悪くなってしまいます。

途中でよけいな口出しはしない

まぜ返したり、あげ足をとったり、口出しをしたりせず、最後まで話を聞きましょう。ただ、疑問点は明らかにしなければなりません。その場合、話を途中でさえぎらずに、話がひと段落してから、「申し訳ございません。○○とは、○○という事でよろしいでしょうか」と確認します。

いきなり否定的な言葉を使わない

相手の意見に賛成しかねる場合でも、いきなり否定せずに、「ご指摘ありがとうございます……」「的を射たご意見ですが……」と相手を立てたうえで、「私としては……」「こういう考え方もあるのでは……」と、反対意見を述べるようにすると、相手は感情を害さないものです。

相づちを打って相手の話を促す

「ええ」「そうですか」と同意を表す相づち、「素晴らしいですね」「驚きましたね」などの感嘆や驚きを表す相づち、「それは大変ですね」「お辛かったですね」と同情を表す相づち、「その後、どうされたのですか」など話を促す相づちを多用すると、相手は気持ちよく話をしてくれます。

④ 会話の基本は敬語から

社会人の会話には敬語が不可欠です。はじめは難しく感じますが、「相手を敬い自分を控えめにする」という気持ちがあれば、おのずと使いこなせます。ただし過剰な敬語は逆効果です。早くマスターできるよう、上司・先輩を見習いましょう。

敬語の種類と組み立て

敬語には丁寧語・尊敬語・謙譲語の3種類があります。（文化庁文化審議会国語分科会が2007年2月2日に提出した「敬語の指針」では5分類。ビジネスの場ではまず3分類で押さえましょう）

〈丁寧語〉

丁寧に話すためのもの。

「**～です／ます**」▶「火曜日です」「行きます」

＊さらに丁寧な表現として「～ございます」がある。

「**お／ご～**」▶「お名前」「ご連絡」

〈尊敬語〉

相手をじかに敬う表現（相手が主語になる）

「**～れる／られる**」▶「持つ」→「持たれる」、「見る」
→「見られる」

「**お（ご）～になる**」▶「持つ」→「お持ちになる」、「説明する」→「ご説明になる」

言い換え▶「行く」→「いらっしゃる」、「言う」→「おっしゃる」、「見る」→「ご覧になる」

＜謙譲語＞

自分がへりくだることにより、結果、相手を敬う表現（自分が主語になる）

「お（ご）〜する」 ▶「持つ」→「お持ちする」、「説明する」→「ご説明する」

「〜せていただく／させていただく」 ▶「持つ」→「持たせていただく」、「説明する」→「説明させていただく」

言い換え ▶「行く」→「参る」、「言う」→「申す」、「見る」→「拝見する」

＊尊敬語と謙譲語の混同に注意する。（「拝見されましたか？」「伺ってください」「いただいてください」はよくある間違い）

敬語に準ずる丁寧な言葉遣い

文頭や文末に、丁寧で敬語のような働きをする言い方も、よく使います。

相手にお願いするときや意向に添えないとき ▶
「失礼ですが」「あいにくですが」「恐れ入りますが」

否定的な内容を柔らかく表現する ▶
「できません」→「いたしかねます」
「いません」→「席をはずしております」

依頼する内容を相手にゆだねる形にする ▶
「〜してください」→「〜していただけませんでしょうか」

アルバイト用語にご注意

コンビニやファミリーレストランなどでアルバイト店員が使用しているマニュアル的な用語が定着しつつあります。正式なものではないので、ビジネスの場での使用は避けましょう。以下に、誤用の例を挙げます。

名詞＋のほう ▶「お名前のほう」「書類のほう」

■敬語表現の変化

	尊敬語	謙譲語
ある		ございます
いる	いらっしゃる、おいでになる	おります
行く／来る	いらっしゃる、おいでになる	参る、うかがう
もらう		いただく
与える	くださる	差し上げる
する	なさる、される	いたす
いう	おっしゃる	申す、申し上げる
見る	ご覧になる	拝見する
聞く	お聞きになる、など	承る、うかがう
		拝聴する
読む	お読みになる、など	拝読する
会う	お会いになる、など	お目にかかる
伝える	おことづけになる	申し伝える
知る	ご存知	存じている
思う	お思いになる、など	存じる
着る	お召しになる	
食べる／飲む	召し上がる	いただきます
寝る	お休みになる	
会社	御社、貴社(主に書き言葉)	弊社、小社

～になります ▶ 「こちらになります」「お茶になります」
金額＋から ▶ 「1万円からお預かりします」
過去形 ▶ 「よろしかったでしょうか」

85

⑤ 電話応対をマスターする

電話は会社の窓口

　日常生活と同様、企業活動にも電話は欠かせません。お客様との応対も、電話のほうが直接の面談よりずっと多いのが普通です。つまり、電話は会社の窓口といえます。

　お客様とよい人間関係を結び、業務活動を円滑にする役割が電話にあります。最近は携帯電話への連絡も増えたため、そうした意識をより強く持つ必要があります。

電話恐怖症を克服する

　新入社員は電話になかなか出られない「電話恐怖症」になりがちです。それは、自社に関する知識や、一般常識が十分身についていないためです。したがって、まず業務やビジネス常識をマスターすることが必要です。一朝一夕に身につくものではないので、先輩たちが温かく見守ってくれるうちに、積極的に受話器に手を伸ばしましょう。次第に慣れ、取引先の人の名前なども覚えられるでしょう。

丁寧な応対でお辞儀に代える

　電話ではお互いの表情、仕草が見えないので、普通の会話以上に丁寧で明るい言葉遣いが必要とされます。また、聞きとりやすい語句を選んで使うことも大切です。

　電話はかけたほうから切るのが原則ですが、お客様に対しては先方が切ってからこちらの受話器を置いたほうがよいでしょう。電話を切るときも、受話器をガチャンと置かないで、まず指で停止ボタンを押して音が出ないような心遣いをするとよいでしょう。

必ずメモをとる

　電話には記録性がありませんので、必ずメモをとるようにします。受話器をとると同時に、メモと筆記具を手もとに用意しましょう。相手が名乗ったら、社名・氏名を必ずメモします。それをしないと、電話を取り次ぐとき正確に名前を伝えられません。もし、きちんと聞きとることができなかったときは、「申し訳ございませんが、もう一度御社名をお聞かせいただけますか？」ときちんと確認しましょう。

日時、金額などは復唱して確認する

　相手から聞いた、日時、金額などの内容に間違いがないように、終わりの挨拶の前に復唱して確認します。なお、内容が複雑であったり、重要な用件の場合は、電話で概要を伝え、詳しい内容はFAXかEメールにします。

要領よくテキパキ話す

　電話には通話料がかかります。「5W2H」の要領で整理して簡潔に話します。また「お話しすることが3つあります。1つ目は……」と、内容を予告すると能率的です。

　長い電話になりそうなときは、最初に「〇分ほどお話ししてよろしいでしょうか」とうかがうのがエチケットです。

⑥ 電話の受け方

電話の受け方の手順

① ベルが鳴ったらすぐに出る

・ベルが3回鳴るまでに出る。
・4回以上のときは「お待たせいたしました」とお詫びから始める。

② 挨拶をして名乗る

・朝11時ごろまでは「おはようございます」を第一声にする。
・「はい、○○でございます」と名乗る。
・間を置かずに「○○です」と名乗ると、相手が社名を聞き取れないこともあるので注意する。
・「もしもし」で出るのはビジネスでは不適切な言葉遣い。

③ 相手を確認するときは

・「恐れ入りますが、お名前を伺ってもよろしいですか?」
・「もう1度、お名前(御社名)をお聞かせいただけますでしょうか」

④ 挨拶をする

・相手が名乗ったら「いつもお世話になっております」と挨拶する。

⑤ 用件をもれなくうかがう

・用件を確認し、必要に応じて復唱する。
・メモを正確にとって、聞きもらしのないようにする。
・不明な点があれば、遠慮せず「恐れ入りますが、もう一度お願いします」と聞き直す。あいまいなまま処理すると間違いの元になる。
・相手が電話をかけてきた用件の対象者が不在のときは、「ただ今席をはずしておりまして、こちらから折り返しますので電話番号をお聞かせいただけますか」と聞くようにし、うかがった電話番号は必ず復唱する。

⑥ 終わりの挨拶をする

・「かしこまりました」「ありがとうございます」「よろしくお願いします」とお礼をいって、相手が電話を切るのを聞いてから静かに受話器を置く。

⑦ 電話のかけ方

❶ 相手の都合を考える

・相手に迷惑をかけない時間帯を選ぶ。

❷ 準備をする

・資料を手もとにそろえる。
・用件を「5W2H」の要領でまとめ、もれがないようにする。

❸ ボタンを正確に押す

・電話番号を確認しながらボタンを正確に押す。
・うろ覚えのまま押さない。

❹ 名乗って挨拶する

・「○○社の△△と申します」「いつもお世話になっております」

❺ 相手を呼び出す

・「恐れ入りますが、○○課の△△様をお願いします」

❻ 確認と挨拶

・「△△様でいらっしゃいますね。いつもお世話になっておりまして、ありがとうございます」
・用件が長引きそうなときは、「○分ほどお話ししてよろしいでしょうか」とうかがい、「早速ですが」と始める。

❾ 終わりの挨拶をする

・「ではよろしくお願いします。失礼いたします」と丁寧に挨拶をする。
・相手が電話を切ってから、受話器を静かに置く。

❽ 要点を確認する

・結論や日時・数量・金額などを復唱して確認し合う。

❼ 用件を伝える

・要領よく整理して話す。
・「3つお話があります。1つ目は……」などと、内容を予告すると理解を得やすい。

A:名指し人が不在のときは
こちらから電話し直すか（その場合は、何時ごろならよいか）、相手から電話をいただくか、伝言のお願いをするか、を相手の都合で決める。

B:伝言のお願いをするときは
「恐れ入りますが、○○のことで……となっておりますと、△△様にお伝えください」と話し、失礼にならない程度に復唱してもらう。できれば名前もうかがう。伝言は短くするのがマナー。
伝える内容が長くなるときは「Eメール（FAX）でお送りいたしますので、その旨をお伝えいただけますか？」など、相手の手間にならないように配慮する。

⑧ 電話応対のケーススタディ

名指し人が不在のとき

「申し訳ございません。あいにく○○は席をはずしております」と答え、状況に応じて次のように続けます。「○時ころに戻ります。いかがいたしましょうか」「同じ係の者におつなぎいたしましょうか」「こちらからおかけ直しいたしましょうか」などです。

名指し人が電話中のとき

「申し訳ございません。ただいま○○は電話中ですが、お待ちいただけますか」と答え、長引きそうなときは、相手の都合をうかがい、①かけ直していただく、②こちらからかけ直す、③待っていただく、のような処理をします。

長く待たせるとき

「ただいま……しております。もう少しお待ちいただけますでしょうか」と、途中で状況を説明します。そうしなければ、相手は電話を忘れられたのではないかと不安になります。

名指し人が会議中のとき

あからさまにはいわず、「申し訳ございません。ただいま席をはずしておりますが、○時○分ごろには戻る予定です」と答えるのが一般的です。「会議中」と答えれば「社内にいるなら電話に出るべきだ」と相手は考えるものです。ただし、緊急の用件の場合もあるため、取り次いでよいかは会議前に確認しておきます。

伝言を頼まれた場合

伝言は正確にメモをとり、話に区切りがついたら、「……ということですね。○○には確かに申し伝えます」と要点を復唱します。さらに「私、○○が承りました」と自分の名前をいえば、相手は安心感を抱きます。

地位の高い人に出てもらうとき

「お呼び立てして恐れ入ります」と、まずお詫びをしてから用件に入ります。忙しそうな人には「○分ほどお時間をいただいてよろしいでしょうか」と都合をうかがいます。

用件までうかがって担当者に回すとき

相手に何度も同じことを話させないように、担当者にはうかがった内容を正確に伝えます。担当者も、「ただいまうかがいました。……というご用件でございますね」と復唱してから会話を始めれば、時間も手間も省けます。

相手が名乗らないとき

友人・知人のように装って人を呼び出すセールス関係の人もいます。「○○さんいるかな？」などと聞かれたときは、在・不在を明確にせず、相手の名前をうかがってから、名指し人に取り次ぎ、指示を仰ぎます。

苦情電話が入ったら

まずは、お手数をおかけした事にお詫びします。言い訳をしようとしたり口を挟んだりすると、相手の怒りはさらに増してしまいます。相手の言い分を聞き、担当者にその旨を正確に伝えます。上司や担当者が不在のときは、担当者が早急に対応することを伝えます（p.52 〜 53 参照）。

覚えておきたい
ビジネス用語 ⑤

ソリューション

問題の解決策。IT〜やシステム〜といった使われ方をする。企業のあらゆる問題を IT やハードで解決に導き出すこと。

ダイバーシティ

多様性、相違点、多種多様性味。ビジネスの現場では「個人や集団の間に存在している様々な違い」といった意味で用いられる。

ダンピング

正当な理由なく商品や役務をその供給に要する費用を下回り提供し、他の事業者の事業活動を困難にする行為。不当廉売

ディープラーニング

AI 技術の中の機械学習に属する。多数のデータから複数の処理を重ねることで、複雑な判断を可能にする技術。深層学習。

ディスクロージャー

金融機関においては銀行法等により、作成、公開が義務化されている業務、財産状況などの説明資料。〜誌。情報公開。

ナレッジ

企業などの組織で特に有益な知識・事例など付加価値のある情報を蓄積したもの。「knowledge」のカタカナ表記。

ニッチ

本来は隙間の意。転じてニーズの少ない市場のこと。大企業などが入りこめないため、新興の企業などは狙いやすいゾーン。

バズマーケティング

主に SNS を通じて拡散を狙うマーケティング手法。炎上による拡散も同様に表現される。「バズ」は虫の羽音。

フィックス

固定、決定、確定するなどの意味があり、書類やデータなどにおいては最終決定版としてフィックス版などと使われる。

第6章

整理整頓を仕事に生かそう

業務を効率化するためには、身の回りの整理整頓が不可欠です。IT機器も効率化を助けてくれますが、その情報管理には細心の注意を。

① デキる人は整理が上手

　身の回りの整理整頓はやるのが当たり前と頭でわかっていてもなかなか実行できないものです。しかし、欲しいときに必要な書類や名刺交換した人の連絡先などの情報を探せなければ、そのぶん時間をロスしてしまい、仕事にムダが生まれてしまいます。

　もしあなたの机が書類に埋もれていたり、文房具が乱雑に散らかっていたら、そんな机を見た上司は「重要な書類を預けたら放置され、なくされるのではないか」と不安に思い、あなたは社会人として信用を落としかねません。

　一方、どこの会社にも仕事ができて上司からの評価が高く、いつも定時に帰る人がいます。これは時間を効率よく使って仕事をしている証拠。これも整理整頓の一部です。ビジネスパーソンにとっての整理整頓は、周囲の信頼を得、業務のムダをなくし時間を有効に使うための重要なビジネススキルといえるのです。

　特に新入社員のうちは、仕事を「見える化」することで仕事内容の理解を助けます。見える化とは、仕事を整理し、その日やるべきことをメモしたり、必要な情報をすぐに取り出せる状態にすること。自分の仕事を客観視することで、業務のムダや改善点を見つけられるはずです。

　ところで、整理と整頓はセットで使われることの多い言葉ですが、それぞれ意味が異なります。整理とは、「必要なものと不要なものを区別し、不要なものを捨てること」。整頓は、「必要なものを使いやすいようにあるべき場所に置くこと」です。まずは、ものを捨てるところから始めて

みましょう。たかが整理整頓、されど整理整頓です。

まずは机の上の整理整頓を

「机の上の状態はその人の頭の中身と同じ」といわれる
ように、机と頭の整理は密接な関係にあります。まずは机
の上を整理し、集中して仕事するための「ワークプレイス」
にしましょう。机の上には必要最低限のものだけを置きま
す。ボールペン、マーカー、メモ帳などは引き出しにしま
うよりも、ペン立てなどを使って机の上、奥の方に置き場
所を決めておいたほうが便利です。手前は作業スペースに
します。よく使う書類はファイルボックスなどに入れて立
てて置くようにして、空間を広く使えるようにしましょう。

机の上がきちんと整理されていると、あなたの気分まで
スッキリするはず。逆に、汚い机は同じ職場の人に不快感
を与えてしまいます。「汚くなってきたな」と感じたらす
ぐに整理整頓をするよう心がけてください。

毎日持ち歩く鞄の中も整理

ここで机から少し離れてみましょう。例えば、ビジネス
パーソンのパートナーである鞄も、中身を詰め込みすぎて
ふくれ上がった状態や、見た目がボロボロでは相手にいい
印象を与えることはできません。そこで、机と同様に、必
要なものをすぐに取り出せるように整理しておきます。例
えば、読み終えた新聞や雑誌を鞄にいつまでも入れておく
のはやめましょう。ペンやメモ帳、名刺などは小物入れに
入れてまとめておくと取り出しやすくなります。

鞄の形状は、型崩れしにくく床に置いたときに立つもの
がいいでしょう。外側と内側にポケットがついていると整
理も簡単です。ビジネスシーンに似つかわしくないリュッ
クサック（バックパック）の使用は避けましょう。

② 目の前の業務に優先順位を

段取りをつけてゴールをイメージする

　仕事をテキパキとこなせるかどうかは、段取り次第といっても過言ではありません。綿密な準備でムダのない計画を立てていれば、上司から突発的に仕事を振られても柔軟に対応できるものです。まずは業務の流れ、かかわる人、期限などを整理して、仕事のゴールを想定してみましょう。やるべきことを全部洗い出し、優先順位をつけて効率よくこなしていきます。各作業に要する見込み時間にバッファをとっておくのもポイントです。

スケジューリングはしっかりと

　スケジューリングは、年、月、週、日と追っていくのが一般的ですが、まずは週と日の中身を考えていきましょう。
　１週間のスケジュールを立てる際は、以前から継続している仕事を先に埋め、そのあとで新しい仕事の予定を入れます。明日やる仕事の予定は今日のうちに立てましょう。次に、１日のスケジュールは、午前・午後、時間、分単位と、大から小へ、細かく刻んでいきます。ただし、スケジューリングはあれもこれも詰め込むのではなく、できる量と仕事の範囲を考えたうえで立てることが大事です。
　スケジューリングができたら、まずはその仕事をやってみることです。「この仕事量ならこのくらいの時間でできるだろう」と何の根拠もないのに自信満々で構えていると、実際その通りに事が進まなかったときに痛い目にあいます。着手が遅れたばかりに、ほかの仕事にマイナスの影響が出ることも考えられます。このように仕事に対する自分

自身の対応能力を知ることも重要なのです。

　もし仕事の最中にアクシデントが起きたり、仕事がとどこおるときにはスケジュールを修正します。こうした緊急時には自分で業務の優先順位を判断せず、上司に相談して指示を仰ぐようにしてください。

To Do リストで優先順位を見える化

　やるべき仕事をすべて書き出してリスト化したのが「To Doリスト」です。リストを作成することで、自分の仕事を客観的に見直すことができ、優先順位を整理しやすくなります。優先順位を決めるポイントは、重要性と緊急性の2つ。例えば、「全社的事項として来週までに」と直近の日付で期限が決まっているものを最優先に、「全社的事項だが来月までに」「1部署の仕事だが来週までに」という優先順位でリストを整理します。優先順位付けの判断に迷ったら、一緒に仕事を進める人たちへの影響を考え、個人の仕事よりも部門横断的なプロジェクトやチームの業務を優先させます。作成したリストは、パソコンに貼るなど必ず目につくようにして、常に確認できるようにしておきましょう。

　To Doリストは、仕事の優先順位を見える化するとともに、あなた自身の仕事のキャパシティの把握にもつながります。さらに、仕事の進捗状況を確認するうえでも便利なツールです。リストから仕事が消されていく度に、「仕事を終えた」という達成感や充実感を得られるはずです。

必要のないものは捨てる

　仕事をこなすにつれて書類はどんどんたまっていきます。数が増えれば必要なものをすぐに見つけることができなくなるので、仕事も非効率になります。まずは手持ちの書類を全部まとめ、そこから必要なものを取り出し、不要なものは思い切って捨てるようにしましょう。

　例えば、クライアントと交わした契約書やデータ化されていない重要書類は優先して保管します。一方、仕事が終わっていらなくなったものや、ウェブサイトのプリントアウトなど検索すればいつでも手に入る資料や書類を取っておく必要はありません。「いつか必要になるかも」と迷った書類は1カ所にまとめ、1カ月以内に使わなければ捨てるといったルールを設けておきます。そうすれば、それが本当に必要なものかどうか判断しやすくなります。

書類をファイリングする

　必要な書類はファイリングを行います。ファイリングとは、ルールに従って書類を整理・分類して保管・保存すること、さらに廃棄するまでの流れを管理することをいいます。ファイリングをしておけば、「どこに置いたかな……」といちいち書類を探さなくて済むので、ムダな時間を減らすことができます。

ファイルの種類

　書類はファイルでまとめるのが一般的です。ファイルには大きく分けて「フォルダ式」と「簿冊式」があります。

フォルダ式は、クリアファイルやファイルボックスなど、綴じ具なしで書類をそのまま収納するもの。取り扱いが簡単で、使い終わったらすぐに捨てることができるので、現在進行中の業務文書をま

整理整頓した机で気分よく仕事を

とめるのに適しています。簿冊式はリングファイルやフラットファイルなど、書類に穴をあけて綴じ具でまとめるもの。収納性・耐久性に優れ、帳簿や契約書など長期間保存する書類に適しています。

さらに、業務の進行状況や案件ごとにラベルをつけたりファイルの色分けをすることで、仕事の優先順位やファイルにどの書類が入っているかが一目で見分けられます。

使う頻度によって収納場所を変える

仕事を効率よくこなすためには、書類の置き場所にも気をつけたいものです。どんなに整理しても、ばらばらにしまっておくのでは意味がありません。机の上には進行中の案件や頻繁に取り出す書類など、必要最低限のもの以外は置かないようにしましょう。それ以外の書類は保管場所を決めておきます。例えば、ときどき使うものは机の引き出しの上段に入れる、年に数回しか取り出さないものは下段に入れるなど、使用頻度を考えて収納を分けるとよいでしょう。

こうした書類も、作業が終わったら元の位置に戻すのをくれぐれも忘れないように。

④ パソコンの中も整理する

データもファイリングが必要

　パソコンはデータやフォルダを簡単につくることができるため、つい不要なものをためてしまいがちです。データは日々増えていくので、紙の書類と同様にパソコン上のデータもファイリングを行う必要があります。1週間、1カ月ごとに手持ちのデータをチェックし、常日ごろから整理整頓を心がけるようにしましょう。

デスクトップを整理する

　データを書類、フォルダをファイルに見立てると、デスクトップ上は机の上と同じ状態にあるといえます。データやファイルがごちゃごちゃ置いてあるのは、机の上に書類が散乱しているようなもの。仕事のしやすい環境を整えるためには、まずデスクトップ上の不要なデータを削除します。一定期間使っていないものや仕事が終わっていらなくなったものなどはごみ箱に捨てましょう。保存してあるデータを少なくすると必要なデータが見つけやすくなるだけでなく、パソコンの動作も速くなるので作業がはかどります。例えばデスクトップ上には「作業中」「作業済」など、その日の業務に必要なフォルダをつくり、開く頻度の低いものはなるべく置かないようにしましょう。

フォルダを分類する

　パソコンにはデスクトップ以外にもデータを保管するスペースが十分にあります。そのため、どこに何が保管されているかが一目でわかるように分類しておかないと、目的のデー

タにたどり着くまでに毎回余計な時間を費やすことになり、非効率です。各データは「業務名 _ ファイル名 _ 日付」といった一定のルールを決めて名前をつけ、業務別に作成したフォルダに保管するようにします。毎週の朝礼や毎月必ず行う会議の議事録などは、業務別フォルダの中に「○○年○月」など時系列フォルダをつくって管理しましょう。そうしておけば、あとである日付のデータが必要になったとき、すぐに取り出すことができます。

データの保存・保管方法

整理したデータは紙の書類と同様に、必要なときにフォルダから取り出し、作業を終えたらきちんとフォルダに戻しましょう。そして1週間後、1カ月後というように期間を区切って定期的に見直し、いらないものや使わなかったものは会社の情報管理や業務ルールに則って削除するようにします。

パソコンに保存しているデータが増えてきたら、古くて開かないデータや容量の大きなデータは、外部のメディアに移します。ただし、盗難などにあわないように、また物理的に壊れそうなところは避けて、鍵のかかる棚や机に厳重に保管しましょう。

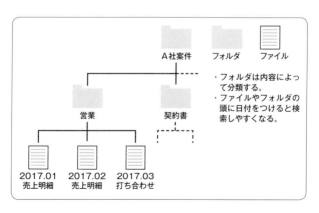

A社案件　フォルダ　ファイル

・フォルダは内容によって分類する。
・ファイルやフォルダの頭に日付をつけると検索しやすくなる。

営業　契約書

2017.01 売上明細　2017.02 売上明細　2017.03 打ち合わせ

⑤ 社内情報・顧客情報を守る

情報は会社の財産

会社は、業績や人事、取引先や経営戦略にかかわるものなど、さまざまな情報を保有しています。ビジネスはこれらの情報によって成り立っているのです。

2015年「行政手続における特定の個人を識別するための番号の利用等に関する法律」（マイナンバー法）が、2005年に「個人情報の保護に関する法律」（個人情報保護法）が施行され、個人情報の取り扱いに対する規制はますます強まっています。個人情報を扱うのは専門部署であっても、「情報は財産」との認識は全社員に必要なものです。

会社は、個人情報を収集する際にも、使用目的を伝え同意を得る必要があります。目的外の使用や漏洩事故を起こした場合、法律違反として罰則が科せられるだけでなく、被害者に対しての賠償責任、流出した情報が原因で架空請求などの二次被害が発生する可能性も高く、会社の信頼を一瞬にして失うことにもなりかねません。情報の取り扱いを誤ると会社を崩壊させる爆弾にもなることを肝に銘じましょう。

【社内での情報管理】

・クライアントの電話番号や住所を記載したメモを机の回りに貼りっぱなし、置きっぱなしにしない。

・パソコンのユーザー名やパスワードは他の人が見られる場所にメモしない。

・名刺は人の目に触れるところに置かない。

・プリントアウトした書類で、個人情報などが記載されているものは、シュレッダーで破棄する。

・離席時は、作業中の書類を引き出しにしまうか、裏返しにしてほかの人から情報が見えないようにする。

・１日の業務が終わった後は、重要情報の記載された書類は施錠できる場所にしまってから退出する。

・FAXを送信するときは、誤った宛先に送らないように注意。送る前にFAX番号が正しいか再確認する。

【社外での情報管理】

・社外での食事や移動の際の会話で、社内外の情報を話さないよう言動は慎む。

・顧客リストや社員名簿などは社外に持ち出さない。

・かばんやスマートフォンの置き忘れに注意。とある調査報告では、個人情報漏えいの原因の第３位に「紛失・置き忘れ」があり、そうなった時を想定し備えを。

・ノートパソコンを社外に持ち出す際には紛失・盗難に注意するのはもちろんのこと、他の人が安易にデータを取得できないようにロックを確実に掛ける。手軽なUSBメモリなどに大事なデータを入れるのは控える。

・公共の場所で利用できるWi-fiなどでは重要なデータの送受信は行わない。

・他の人に情報が取得できないようにする仕組みを整えておくことが大切です。

⑥ IT機器のリスクと責任

パソコン・スマホの使用上の留意点

　いまや各人が専用のパソコンを持つ時代となりました。インターネットに接続しているケースがほとんどでしょうが、外部環境とつながる以上、誰もが社内情報に対してのリスクと責任を負っていることになります。

　また、パソコンと同等の性能、さらに簡易な操作ができるスマートフォン（スマホ）・タブレットが普及しており、仕事で利用する人も増えました。情報の取り扱いについて注意が必要なのは、スマホもパソコンと同様です。

【パソコンの情報管理】

・パソコンにはパスワード設定や暗号化などの対策を施す。

・重要な情報やデータの送受信はEメールで行わない。

・Eメールを多数の人に一斉に送る際は、TO・CC・BCCを使い分けて、個人アドレスを第三者に不用意に伝えないようにする。(p.67 参照)

・パスワードは名前やありふれた英単語、電話番号や生年月日などを使わない。安易な組み合わせもダメ。8文字以上で英数字混在したものが望ましい。

・一定時間無操作時のスリープから、再ログイン時にはパスワード入力を求める状態に設定する。

・ユーザー名、パスワード類は、厳重に保管する。また、定期的に変更する。

・ドキュメントファイル、Eメールなどのバックアップを定期的にとる。外付けハードディスクなど個人のパソコンとは別の場所・媒体に保管する。

・サイトを閲覧しただけでウイルスに感染する可能性があるのはパソコンと同様。

・アプリのダウンロードにも注意が必要。「電話帳アプリ」など企業別電話帳をダウンロードできることをうたいながら、スマホ内のデータを抜き取る事例も起きている。

・パソコンと同じように信頼できるセキュリティソフトを利用する。

・クラウドサービス（ネット上でのデータ保存・編集）は会社で契約しているもの以外は利用しない。また、ログイン時に周囲の人がログインパスワードを盗み見ていないかといった注意も必要。

・個人のスマホでも業務上のデータを保存しトラブルになれば、取引先の情報も流出してしまうことを念頭に置く。

・仕事で使う携帯電話やスマホを電車などに忘れないように。肌身離さず持つことを心がける。

コンピュータウイルスの恐怖

パソコン、スマホなどの IT 機器とインターネットを利用する以上、常にコンピュータウイルスの存在を意識しなければなりません。ウイルス感染はデータの破壊や外部流出をもたらすだけでなく、パソコンの遠隔操作、さらには、個人のアカウントを乗っ取った「なりすまし」事件に発展する場合もあります。

OS、セキュリティソフトを常に最新の状態にしておくのはもちろんのこと、心当たりのない E メールを開いたり、怪しい URL をクリックしたり、プログラムを実行するファイル（拡張子 .exe など）の展開を避けるなど、個人でできることはたくさんあります。自分の身とパソコンは自分で守る。これを習慣づけましょう。

第6章

整理整頓を仕事に生かそう

⑦ SNS の利用とリスク

良い情報も悪い情報もすぐに広まる SNS

　社会人になる前からソーシャル・ネットワーキング・サービス（SNS）を利用している人は多いと思います。SNSでは、多くの人の間で興味をひく情報を瞬時に共有できますが、それは反対に、人の気分を害するような情報もすぐに広まってしまうということです。最近では、SNS で悪ふざけなどを公開し、問題化するケースが多々あります。

　SNS での立ち居振る舞いが問題になる度に、「リアルの世界でやってはならないことは、SNS でもやってはならない」といわれます。SNS にコメントを残したり画像をアップロードする場合は、世界中の人の目に触れている、という意識を持つようにしましょう。また仕事をしている以上、問題化したときの矛先は自分自身にとどまらず、職場にも向けられることを忘れないでください。

【従業員による SNS 問題事例】

・**スポーツ用品店従業員**→会社が契約するスポーツ選手が店舗に来店したことを SNS で公開。選手本人やその家族を誹謗するコメントを残し問題となった。

・**公務員**→個人ブログで高齢者に対し「死ね」などと暴言を連ねた文章を掲載。発覚後、停職処分を受ける。

・**飲食店**→近年、飲食店従業員が身体を冷蔵庫や調理器具に入れた画像、食材を粗末にする画像をアップロードし、問題となる事例が多発。会社は消費者への説明、店内の消毒等が必要となるだけでなく、閉店に追い込まれるケースも発生している。

【SNS でのリスクを避けるには】

・悪ふざけ、犯罪行為を絶対にしない。SNS の問題以前に、社会人として当然要求されること。

・悪ふざけや暴言でなくとも、個人の意見・主張が問題視されるケースもある。

・SNS は閉鎖されたコミュニティではなく、公共の場と同じ。常に世界中の人からの目に触れていることを意識する。

・自身が SNS において勤務先を公開していなくても、つながりある人や公開された画像などから個人を特定される場合がある。

・ツールによっては、プライバシー設定等で個人情報や画像の公開範囲を設定できるので、それらを活用する。

・近年の携帯電話、スマホ、デジタルカメラには GPS 機能を内蔵しているものもある。SNS は、その位置情報を読み取る機能を持つ場合があるので、プライバシー設定や画像情報設定で位置が特定されるのを防ぐ。

・社内情報はもちろん、取引先・顧客についての情報を書き込まない。重要情報の漏えいは損害賠償請求に発展することもある。

・同僚などが SNS で「炎上」している状態を発見した場合は、本人に削除するよう伝えるとともに、上司に報告する。

・SNS 利用での問題を防止するため、定期的にインターネットや個人情報保護などについての話し合い、研修等を社内で行いリスク低減に努める。パート・アルバイト従業員にも同じ意識を持ってもらう。

⑧ ハラスメントのない職場に

ハラスメントとは

パワーハラスメント

・上司から部下に対してのみならず、職務上の地位や人間関係といった「職場内での優位性」を背景にする行為
・業務上必要な指示や注意・指導が行われている場合には該当せず、「業務の適正な範囲」を超える行為

セクシャルハラスメント

・性的性質を有する言動。職場におけるセクシャルハラスメントは、相手の性的指向（※1）又は性自認（※2）にかかわらず、該当することがあり得る。※1 人の恋愛・性愛がいずれの性別を対象とするか　※2 性別に関する自己意識
・男性も女性も行為者にも被害者にもなり得るほか、異性だけでなく同性に対しても該当。

モラルハラスメント

・職場（職務を遂行する場所全て）において、仕事や人間関係で弱い立場に立たされている人に対して、精神的又は身体的な苦痛を与えることで労働者の働く権利を侵害したり、職場環境を悪化させたりする行為。

　代表的なハラスメントを3つ挙げましたが、このように公的な機関によって定義づけがされています。その他にも数多くのハラスメントが存在しています。

　職場のハラスメントは、働く人の尊厳を傷つける社会的に許されない行為であり、企業にとっても、良い職場環境の維持ができず、業績悪化や人材流失などの悪影響に繋がります。被害者は休職や退職に追い込まれたり、加害者も

自身の信用低下や懲戒処分・訴訟等のリスクをもたらします。

ハラスメントは、ビジネス上での「いじめ」「嫌がらせ」です。我慢して耐えていても、ハラスメントが解消することはなく、より酷くなるかもしれません。まずは「やめてください」「私はイヤです」と、あなたの意思をしっかりと相手に伝えましょう。

その上で、1人では悩まず信頼できる同僚や友人、社内外の相談窓口を利用しましょう。

また、何をされたのか、日時、場所の記録をしておくと後々の証拠となります。ハラスメントを受けていると思ったら、メモや録音などの記録も有効な手です。

できる限り早く対処をすることで、ハラスメントを受けている自身だけでなく、その他にも被害を受けている人も助けることになり、職場環境の正常化に繋がります。

「ふざけただけ」「そんなつもりはない」と思っていたとしても、相手が不快に感じたらハラスメントになり得ます。それらを念頭に入れ、以下の点に注意が必要です。

・「怒る」ではなく「叱る」

ミスに対して叱責する場合でも、人格を否定する言動は避け、できる限り当人にのみ伝える。

・性的な言動は特に慎重に

人間関係が希薄になってしまうと考える方もいらっしゃるかもしれませんが、それは貴方の独りよがりかもしれません。より良い職場環境醸成、人間関係育成のために、誰に対しても敬意を持って接しましょう。

第6章 整理整頓を仕事に生かそう

⑨ テレワークの心構え

　2020年春以降、コロナ禍の影響により在宅勤務、いわゆる「テレワーク（リモートワーク）」を導入する企業も増えました。会社の人の目がないプライベート空間で、適度な緊張感を持ち、効率的に仕事を進めるためには…

・生活リズムを崩さない

・身だしなみを整え、気持ちもオン／オフを切り替える

・休憩をきちんと取り、メリハリをつける

心構えが必要です。

オンラインコミュニケーション

　テレワークにはオンラインコミュニケーションが欠かせません。これまでは顔を合わせ、同じ場を共有しながら行うことが一般的だった会議、商談、研修などをオンラインで行う際に気をつけるべきポイントを確認します。

①事前準備（心構え）

・使用ツール（zoom、Microsoft Teamsなど）の基本操作（オン／オフの方法など）を確認しておく

・当日「接続できない」などトラブルが起こったときの連絡方法や連絡先を確認しておく

・参加する場所は通信状態が安定し、顔が明るく映る場所を選択しておく

・自宅の場合、多少の生活感はやむを得ないが、映りこむ背景に注意する

・10分前には準備完了し、遅くとも1分前には入室する（退室は目上から）

②視覚情報

・表情は笑顔（マスク着用の場合は"目"の表情に注意）
・カメラは目線の高さ（か、やや上）に設定し、胸から上が映る距離感を図る
・話を聞いているときの表情（態度）にも注意
・身だしなみは特に上半身（顔が明るく見える髪型、健康的な肌やメイク、しわがなくサイズの合った上着など）を抜かりなく整える
・背筋を伸ばして姿勢が崩れないよう常に意識。座礼の際は首だけペコリではなく背筋を伸ばして行う

③聴覚情報

・相手が話し終わってから、一呼吸おいて話し出す
・対面以上に「間」を意識し、ハキハキ聞き取りやすく話す
・相手の声や話が聞き取りにくいときは「は？」や「はい？」ではなく、「恐れ入りますが、もう一度　お願いできますか」
・滑舌良く話すために、口の開きを大きくし笑顔で話す
・大人数の場合、発言しないときは「ミュート」（音声オフ）にし、紙の音や息がもれる音などの雑音にも注意する

※オンライン会議は、カフェなど他の人がいる場所では行わない。外出先であれば、音の漏れないカラオケボックス（個室）や車の中を利用すること。

覚えておきたい

ビジネス用語 ⑥

フィードバック

言動、行動に対する反応や返事。ビジネスにおいては「評価」の意味も持つ。

プライオリティ

優先順位を表す。高い、低いで表現される。「プライオリティを付けろ」といった使い方もされる。

ブラッシュアップ

磨き上げること。具体的に練り上げ、当初の物よりもクオリティを上げること。

ブロックチェーン

分散型台帳技術。ネットワークに接続した複数のコンピュータで情報を共有し保持するシステム。恣意的な改ざんは不可能とされる。

パーソナライゼーション

企業側が顧客それぞれに適したサービス・商品を抽出すること。顧客側が行うことは「カスタマイゼーション」と言われる。

ポリティカル・コレクトネス

人種・性別・信教などの違いによる偏見や差別を含まない政治的な観点から見て中立な表現や用語を用いること。PC。政治的妥当性。

メタバース

現実とは異なる「仮想空間」の形態。ネット上に構築される3Dの空間でアバターと呼ばれる自分の分身を介してコミュニケーションをとる。

リテラシー

基礎的な知識や応用力などを指す。「メディアリテラシー」「ネットリテラシー」など、使いこなせる度合いを高い、低いで表す。

ローンチ

「立ち上げる」、「打ち出す」などの意味を持つ「launch」が語源。新たな商品やサービスなどを発売することを意味する。

第7章

財務とITの基礎知識

新社会人の皆さんが財務の基礎とITの力を理解し、日々の業務に活かし、充実したキャリアを築くための道標をこの章で紐解きます。

① 経営計数を理解しよう

数字は日本語で一番正しい言葉

比喩的な言い方になりますが、「数字は日本語で一番正しい具体的な言葉」です。現在、計数が苦手という人もいます。だからといって、計数を恐れ嫌がる必要はありません。日本の義務教育には計数のカリキュラムがないから、理解できないだけの話です。つまり、計数には数多くの原則・公式がありますが、そのすべてを理解し、覚える必要はないということです。

自分が押さえておくべきポイントを、しっかり理解していけばビジネスマンとして対応ができます。

⑴数値をつくっている構造のどこに問題があるか押さえること

数値をつくっている構造とは、問題を数字によって掘り下げ、核心を押さえることです。このためには数字を可能な限り分解することです。

```
例：売上高が減少した
前期売上高（100）＝顧客数（10）× 買上単価（10）
今期売上高（80）＝顧客数（8）× 買上単価（10）
前期顧客数（10）＝固定客数（8）＋ 新規客数（2）
今期顧客数（8）＝固定客数（6）＋ 新規客数（2）
```

今期の売上高減少要因は、①顧客数の減少であり、その背景は②固定客数の減少です。その固定客減少の施策が何なのかを具体的に押さえることが重要です。

⑵比較できる数字・モノサシを持つこと

目標値、前年同月値、同業平均値との比較により、実績を分析し、対応策を検討します。

⑶数値の流れをつかむこと

実績数値を日・週・月・年単位の時系列に整理し、その推移によって「上昇」「横ばい」「下落」の傾向をつかみます。

⑷基準となる数値を持つこと

管理とは、基準値に対する異常値の発見であり修正行為です。モノサシとして標準値をつくることが必要となります。例えば、一人当り粗利益高（月間）、一人当り売上高（年間）、１時間当り生産高等です。

⑸心の壁を取り除き、数字に慣れ親しむこと

経営計数の仕組みは単純に家計簿の延長線上にあります。会社の計数は家計簿と非常に似ており、家計簿を連想しながら理解すれば分かります。まずは習うより慣れることです。

貸借対照表

貸借対照表とは、略称Ｂ／Ｓ（Balance sheet）といい、一定時点（年度計算であれば年度末、月度計算であれば月末）における、企業の財務内容（資産・負債・資本）を表したものです。

基本的な構造は、資産＝負債＋資本、です。

●資産（プラスの財産）

資産とは、「会社が所有し、会社の運営に役立つ財貨や債権（権利）」のこと。現金や預金、会社が所有する土地・建物は、貸付金のように後で受け取る権利（債権）も資産に含みます。

借方		貸方	
資産	流動資産	流動負債	負債
		固定負債	
	固定資産	資本金	資本

●負債（マイナスの財産）

経営活動を行う上で資金を借りた場合、当然、返済義務

が生じます。このような「後日、支払う義務のあるお金（債務）」を負債と言います。借入金だけでなく、商品を仕入れて代金を後払いにする場合（買掛金）なども、負債に含まれます。

●資本（正味の保有財産）

　資本とは、「資産（プラスの財産）」から「負債（マイナスの財産）」を差し引いたもので、会社の正味の保有財産を示します。例えば、所有する資産（プラスの財産）の総額が100、借入金等の負債（マイナスの財産）が70である場合、その企業の正味の保有財産は30ということになります。

損益計算書とは

　損益計算書は、企業の経営成績（儲けているのか、いないのか）を明らかにするもので、一会計期間に発生したすべての収益と費用とを記載し、当期純利益を表示します。

　企業には必ず決算日があります。日本企業で多いのが3月31日決算日で、この場合の一会計期間は4月1日から3月31日（翌年）の1年間となります。

　損益計算書では、売上高およびその他の収入と、それに対応する支出がプラス・マイナスされ、最後に当期利益（または欠損金）が出ます。

粗利益の意味を理解しよう

　売上高が高くても粗利益が少なければ企業経営に問題が発生します。例えば、年商が10億円で粗利益率20％の会社が粗利益率18％にダウンすると、今までと同じ粗利益を稼ぐには11.1億円の売上が必要となります。

　また、粗利率は商品力を表す指標でもあります。粗利率が業界平均値より悪いということは、商品力がないという

■損益計算書の基本構造

No	科目	計算式	意味	参考金額
①	売上高	①	商品販売、サービス提供などの事業活動による収入	1000
②	売上原価	②	仕入原価や製造原価	500
③	売上総利益	①-②	粗利益とも呼ばれる。利益の第一ボタン	500
④	販売費・一般管理費	④	売上を上げる費用、企業全般の管理費用	400
⑤	営業利益	③-④	本業での儲け	100
⑥	営業外収益	⑥	本業以外の益。代表的なものはバックリベート等	10
⑦	営業外費用	⑦	本業以外の損	50
⑧	経常利益	⑤+⑥-⑦	企業が行なう経営活動で生じる利益	60

ことです。粗利率を上げるには、付加価値の高い商品を開発し、販売していかねばなりません。粗利益は利益の第1段階であり、この利益が多いと経営は楽になります。

経費の性質を理解しよう

　会社の経費を大切に扱う人は個人でもお金を統制できる人です。経費は第三の利益ともいわれ、そのタイプは次の3種類になります。

①売買利益…商品等、販売による利益

②仕入利益…仕入値引、リベートによる利益

③経費統制利益…経費をコントロールして出していく利益

　①は活動を行うことで稼ぐ利益、②と③は管理することによって出す利益です。いかに少ない諸経費で適正な利益を確保していくのかがポイントです。

　「今月、今年は、いくらかかった」だけではダメで、比較分析し、その原因がどこにあるのか探り出し、オーバーしているものについては対策を打ち出し、歯止めをかけることが大切です。

第7章

財務とITの基礎知識

② 人件費の考え方

資金の流れが止まると、企業は潰れる

一定期間中にどのくらいの入金があって、どのくらいの出金があるかを見るのが資金繰りです。

一企業における「資金」とは人体における「血液」と同じ意味を持ち、その流れが絶たれればどんなに健康体であっても生命は維持できません。

損益計算書は野球のペナントレースみたいなもので、月によっては赤字でも、決算期までに黒字に追い込めばいいのです。しかし資金繰りは、ボクシングの試合のごとく、明日1億円の金が入金することが分かっていても、今日、必要な資金を用意できずに不渡りを出せば、それで企業はノックダウン。つまり企業が生き延びるためには、利益は当然必要ですが、資金繰りも非常に重要です。

会社の生産性なくして社員への分配なし

会社総経費の中で、一番高い費用は総人件費です。総人件費とは、毎月の給与(基本給・諸手当・通勤費)、賞与、そして会社が負担している法定福利・福利厚生・退職金の積立て等です。

会社は経営を圧迫してしまうから会社全体の総人件費を低く抑えたい。一方、社員からすればできるだけ多くの給与が欲しいのは当然です。ここに両者に矛盾が生じます。

しかし、ここで誤解して欲しくないのは、会社全体の総人件費を低くするといっても、仕事をする上での最低人員を下回れば、会社の仕事は成立しません。一人当たりの人件費を低くしすぎたら、社員は辞めます。この両者間の相

反する矛盾を解決する方法はただ一つ「生産性を上げること」です。

なぜ給与の３倍を稼げと言われるのか、具体的に考えていきます。

①Ａ社員の月給が300,000円とします。②社会保険料、厚生年金、雇用保険料の半分を会社が負担し、その割合は給与の15%として（会社負担 45,000円／月）。③賞与は１年当たり給料の１ヶ月分（会社負担 25,000円／月）。④直接人員（直接稼ぐ…営業、製造人員）５人に１人間接人員（事務系人員）がいる（間接人員の月給300,000円、社保等負担45,000円／月、賞与25,000円／月の合計370,000円）。この370,000円を直接人員５人で負担すると74,000円となります。

ここまでの①②③④の合計は、300,000 + 45,000 + 25,000 + 74,000 = 44,4000円（⑤）となります。

そして粗利益高に占める人件費の割合を50%として計算し、必要な粗利益額（⑥）を出します。

⑤ 444,000 ÷ 0.5 = 888,000円（⑥）

さらに、人件費以外の各種経費などが別途必要なります。これを一人100,000円／月（⑦）とします。すると、⑥+⑦ = 98,8000円となります。

もちろん売上高に対する人件費割合や間接人員の人数などは会社により異なりますが、ざっくり計算すると、給与300,000円とした場合、稼ぐべき必要な粗利益は988,000円となり、自分の給与の約３倍となります。

実際に自分がもらう金額の何倍の費用が、会社の運営にかかっているのか？ それを気にするようになれば、社員として成長している証です。

③ デジタルトランスフォーメーション(DX)とブロックチェーン

デジタルトランスフォーメーション(DX)とは

デジタルトランスフォーメーション(DX)は、企業がデジタル技術を活用してビジネスプロセス、企業文化、顧客体験を根本から変革する取組みです。

この変革により、企業は市場の変化に迅速に対応し、競争優位を築くことが可能になります。デジタル技術の導入は、業務の効率化、顧客満足度の向上、新たなビジネスモデルの創出を促します。

DXの核心は、デジタル化による「情報の可視化」と「プロセスの自動化」です。情報の可視化により、リアルタイムでの意思決定が可能になり、企業はより機動的に市場の動向に対応できるようになります。

また、プロセスの自動化は、従来の手作業に依存する業務を効率化し、従業員がより価値の高い仕事に集中できるようにします。

ブロックチェーン技術とは

一方、ブロックチェーン技術は、データを分散型のデジタル台帳に記録することで、改ざんが困難な透明性とセキュリティを提供します。この技術は、金融取引、契約管理、供給チェーンの追跡、身分証明など、多岐にわたる分野で応用されています。

仮想通貨、特にビットコインは、ブロックチェーン技術を用いた最も著名な例です。ブロックチェーンは取引記録をネットワーク上の多数の参加者で共有し、全ての取引履歴を透明に保持します。これにより、仮想通貨は信頼性の高い、セ

キュリティに優れたデジタル通貨システムを実現しています。

　ブロックチェーンの特徴は、「分散性」と「不変性」にあります。データはネットワーク上の複数のノードに分散して保存されるため、中央集権的な管理者が不要で、データの信頼性が高まります。

　また、一度記録されたデータは改ざんが非常に困難であるため、取引の透明性が保たれます。

DX とブロックチェーンの組合せ

　DX とブロックチェーンの組合せは、企業に新たな可能性をもたらします。ブロックチェーンを活用することで、DX の取組みにおいてデータの信頼性とセキュリティが強化され、より安全なデジタル化を実現できます。

　これらの技術を理解し、積極的に取り入れることで、社会人としてのデジタルリテラシーを高め、変化するビジネス環境に適応する力を身につけることができます。

　DX とブロックチェーンは、単なる技術トレンドではなく、ビジネスの未来を形作る重要な要素です。これからのビジネスシーンにおいて、これらの技術を理解し、活用することは、あらゆる業種において必要不可欠なスキルとなるでしょう。

　DX のもたらすデジタル化は、顧客との関係性を深める新しい手段を提供します。また、ブロックチェーン技術の応用により、これらのプロセスはさらに透明かつ安全に行われ、顧客信頼を確固たるものにします。

　デジタルトランスフォーメーション（DX）とブロックチェーンの統合は、効率的かつ革新的なビジネス運営を実現する鍵です。これらの技術の理解と適用は、社会人としてのデジタルリテラシーを高め、ビジネスの未来を切り開くための重要なスキルとなります。

④ 先進技術とその応用

　現代のビジネス環境は、急速なデジタル化の波によって大きく変貌しています。ここでは、特に重要な3つの技術〜生成AI（Generative AI）、IoT（Internet of Things）、ビッグデータとデータマイニング〜について、それぞれの特徴とビジネスへの応用について掘り下げていきます。

生成AI（Generative AI）

　生成AIは、人工知能を用いて新しいコンテンツ—テキスト、画像、音楽など—を自動で生み出す技術です。この技術は、マーケティング資料の作成、ウェブサイトのコンテンツ生成、顧客サポートの自動化など、様々なビジネスプロセスに革命をもたらしています。

　たとえば、AIが自動生成した記事やレポートは、時間とコストを大幅に削減しながら、一貫性と品質を保ちます。クリエイティブな分野では、AIによって提案されたデザインやアイデアが、人間の創造性を拡張し、新たな芸術的表現や商品開発の可能性を広げています。

IoT（Internet of Things）

　IoTは、「物のインターネット」とも呼ばれ、日常の物体にセンサーや通信機能を組み込むことで、これらの物体がデータを収集し、共有することを可能にする技術です。製造業においては、IoTデバイスが機械の効率的な運用やメンテナンスを支援し、製品の品質管理を強化します。

　また、スマートホームやスマートシティの開発においては、エネルギーの使用効率を向上させ、より快適で持続可能な生活環境を実現します。医療分野では、ウェアラブルデバイス

による健康状態のモニタリングが患者のケアを向上させ、遠隔医療の可能性を広げています。

ビッグデータとデータマイニング

ビッグデータは、その名の通り、膨大な量のデータを指し、データマイニングはこれらのデータから有用な情報を抽出するプロセスです。ビッグデータの分析は、市場動向の予測、顧客行動の分析、製品開発の方向性の決定など、企業の戦略策定に不可欠です。

データマイニング技術は、パターン認識、クラスタリング、予測モデリングなどを用いて、隠れたトレンドや相関関係を明らかにし、ビジネスの意思決定を支えます。たとえば、消費者の購買行動を分析することで、マーケティング戦略を最適化し、顧客エンゲージメントを高めることができます。

これらの技術は、ビジネスプロセスの効率化、顧客体験の向上、新たなビジネスモデルの創出など、多方面で企業に影響を与えます。企業がこれらの技術を積極的に取り入れ、理解を深めることで、競争力の強化と持続可能な成長が期待できます。また、これらの技術は、私たちの日常生活や社会全体においても、革新的な変化を促し、未来を形作る重要な要素となっています。

先端技術活用によるビジネス革新への挑戦

生成 AI、IoT、ビッグデータとデータマイニングは、ビジネスの未来を形作る重要な要素です。これらの技術を深く理解し、適切に活用することで、革新的なソリューションの創出、業務プロセスの効率化、そして市場での競争優位を獲得することが可能になります。常に最先端を追い求め、これらの技術を使って新しい価値を生み出すことが、今後の成功へのカギとなるでしょう。

2023年の主なできごと

■新型コロナウィルスが2類から5類に移行

5月8日、新型コロナが「2類相当」から「5類感染症」に引き下げられた。2020年1月に国内最初の感染例が報告されてから3年、社会やビジネス、暮らしに多大な制限を加えてきた「コロナ禍」からようやく解放されることとなった。海外からの訪日客数はどんどん回復、10月には2019年の同月を上回る数の訪日客が日本を訪れた。

■世界的な物価高が続き、円安状態も継続

2022年から続く世界的な物価の高騰状態が2023年も収まることなく続いた。2023年4月に第32代日本銀行総裁に就任した植田和男氏は、引き続き大規模な金融緩和策の維持を決め、1ドル=150円を超える円安状態が続いた。日本でもモノやサービスの値上げが続く一方、海外からは「安い日本」というイメージが広まった。

■記録的な猛暑

各地で最高気温30℃以上の真夏日、最高気温35℃以上の猛暑日が連日観測され、東京では7月6日〜9月7日の64日間真夏日が続き、2004年の40日を超えて過去最長を記録、猛暑日も22日と過去最多を更新した。世界気象機関（WMO）は、2023年7月7日に世界平均気温が17.24℃に達し、過去最高だった2016年8月16日の16.94℃を上回ったと発表した。

■ハマスの攻撃を受け、イスラエルの大侵攻が始まる

10月7日、パレスチナ暫定自治区のガザ地区を実効支配するイスラム組織ハマスが突如、イスラエルへの攻撃を開始。イスラエル側も激しい空爆で応酬、戦闘は激しさを増し、双方側に多数の民間人の死者を出しながら続いている。ウクライナとロシアの戦争も収まらない中、世界情勢はますます不安定な状態となっている。

■日本男子野球チーム「侍ジャパン」WBCで優勝

『2023 WORLD BASEBALL CLASSIC™』の決勝戦で栗山英樹監督率いる侍ジャパンがアメリカを3対2で下し、7戦全勝で3大会（14年）ぶり3回目の優勝を果たした。二刀流の大谷翔平選手は投打で活躍、メジャーリーグ公式戦でも44本のホームランを放ち、日本人初の本塁打王を獲得、ア・リーグのMVPに2年ぶりに選出された。

付　録

役に立つ！　実践マナー集

冠婚葬祭や社内外の食事の場では、その時々に応じた言動のマナーがあります。恥ずかしい思いをしないために、マナーの勉強はしっかりと。

こんなマナー違反していませんか？

食事のマナー

　食事の所作は、意外と周りの人に見られています。難しく考えず、感じのよい振る舞いを心がけてください。

■ 食事の席のタブー
- 食べ物を大きいままかじる、そのままほおばる。
- 音を立ててくちゃくちゃと食べる。
- 食べ物を口に入れたまましゃべる。
- 勝手に皿を動かす、交換する（特に洋食）。
- 背を丸める、ひじをつく。
- 足を組む。
- 喫煙する。
- 席で化粧を直す。
- 強い香水や整髪料を使う。

■ 和室でのマナー
- 長めのスカートやズボンなど、座りやすい服装で。背筋を伸ばして正座する。
- 女性は、必ずストッキングを着用する。
- 畳の縁、座布団を踏まないこと。

■ 箸遣いと和食のマナー
- 吸い物などのふたは、器の横へ裏返して置く。食後は出されたときのようにふたをする。また、重ねないこと。
- 箸先を汚してよいのは3cm程度。料理を少しずつとり、こぼさずに口に運ぶ。
- 箸、器いずれも、取り上げるときは両手を使う。
- 口に運ぶ際に空いた手を添える「手皿」は、マナー違反。
- 小皿を箸置き代わりにしないこと。
- 逆さ箸は好ましくない。できれば取り箸を使う。

■ 嫌い箸
- 刺し箸：食べ物を箸で突き刺して食べる。
- 舐り箸：箸の先だけを口に入れる、舐る。
- 込み箸：食べ物をほおばり、箸で押し込む。
- 迷い箸：迷って箸をあちこちの皿に動かす。
- 拾い箸：箸と箸で食べ物を渡し合う。
- 涙　箸：汁や醤油などを垂らしながら口に運ぶ。
- 寄せ箸：箸で器を近くに寄せたり押したりする。
- 探り箸：器の中をかき混ぜる。
- 指し箸：箸で人やものを指す。
- 持ち箸：箸と同じ手で器を持つ。
- 渡し箸：箸を器の上に渡して置く。

テーブルマナー

　洋食のフォーマルな席は緊張するものですが、基本をおさえてスマートに。場の雰囲気も大切にしましょう。

■ テーブルでのマナー

- 席につくのは、女性、目上の人が先。
- 男性は女性をエスコートする。
- イスが引かれたら左から入り、イスがひざの裏に触れたらゆっくりと深く腰を下ろす。背筋を伸ばし、テーブルと体との間にこぶし一つ分くらい空けてかける。
- 着席のときはイスの左側から座る。
- バッグは、大きいものは右側の足元に、小さいものはイスの背に置く。
- ナプキンは二つ折りにしてひざにかける。
- 食後、ナプキンはテーブルの上に、軽く畳んで置く。

■ ナイフとフォークの使い方

- 原則、ナイフとフォークを対にし、外側から使う。
- 皿に当てて音を立てない。
- ナイフやフォークを人に向けない。
- 中座するとき、ナイフ・フォークは「ハ」の字に置く。食後は右にそろえて置く。

■ グラスの扱い方

- 脚のあるグラスは、脚の部分を持つ。
- 乾杯ではグラスを当てないのが正式。
- 注いでもらうときは、持ち上げずにテーブルに置いたままにする。

コラム　コーヒーの出し方

カップ8合目まで
カップ持ち手は右側に
絵柄はお客様に向ける
スプーン持ち手は右側に
お客様（後ろ）
※書類が多いときは右側上方に置く

　お客様が来社したとき、特に新人のうちはコーヒーやお茶を出す機会も多いことでしょう。コーヒーカップやスプーンを置く位置を示しますので、参考にしてみてください。

贈り物のマナー

お祝いの気持ちや心遣いを表す贈り物。相手の好みや生活スタイル、年齢などを鑑み、負担にならないものに。

■ 贈り物のマナー
- 配送する場合は、事前に手紙やハガキで明確に伝える。
- 奇数と「八」がおめでたい数字とされる。特に年配の人へは金額や個数に気をつける。ただしダースは可。

■ こんなときに贈る
お祝い事：結婚、出産、入学・卒業・就職、賀寿、新築・新居、開業・開店、受賞・受章、発表会など、内祝い・お返し
お見舞い・挨拶：病気見舞い、災害見舞い、餞別、お中元・お歳暮・お年賀、御礼など　※病気見舞い、災害見舞いにはのしは不要。

■ 水引の種類
結び切り：一度だけであることを願う意味。慶事では結婚関係の贈答に紅白や金銀、弔事では黒白や双銀、双白。病気見舞い、快気祝いにも使う。
蝶結び：何度あってもうれしい祝い事に使う。結婚関係と病気見舞い、快気祝い以外のほとんどのお祝いや贈答に使う。

結び切り　　　蝶結び

■ 結婚祝いのマナー
- 品物を贈るときは、式の10日前までに。会場には持参しない。
- 欠席する場合、品物・ご祝儀（1万円程度）を10日前までには送る。
- 刃物や割れ物は原則としてタブーだが、最近では許容される。事前に希望を聞いてもよい。
- 招待されていないが品物を贈る場合は、式の後、結婚の報告を受けてから。金額の目安は5,000～1万円。

■ 出産祝いのマナー
- 生後1～2週間から、遅くても1カ月以内に。
- 持参する際は退院後しばらくしてから。
- 半年以上遅れたときは、初誕生（満1歳の誕生日）に贈ってもよい。

■ お返し、内祝いのしかた
- 贈り物をいただいたら、3日以内にお礼状を。お返しをすぐに贈るのは失礼。
- 金額が3分の1から半額程度の品物を贈る。
- 結婚の内祝いは、招待しなかった人からお祝いをいただいた場合に贈る。のし紙には、夫婦連名か新しい姓を記す。

挨拶と結びの表現

社外文書や丁寧な手紙に欠かせない表現と文例です。必要な要素を組み合わせて使ってください。

■ 頭語／結語の例

一般的なもの：拝啓・拝呈／敬具・拝具	丁寧なとき：謹啓・謹呈／敬白・謹言
急ぎの場合：急啓・急呈／草々	前文を省略するとき：前略・冠省／草々・不一
同一要件のとき：再啓・再呈／敬具・拝具	返信のとき：拝復・復啓／拝答・敬答

■ 前文の例

時候の挨拶の例

1月：新春・厳冬・極寒・大寒の候	2月：余寒・立春・向春・梅花の候
3月：早春・浅春・春暖・春分の候	4月：陽春・仲春・桜花・春暖の候
5月：新緑・若葉・立夏・薫風の候	6月：初夏・入梅・向夏・夏至の候
7月：盛夏・炎暑・大暑・仲夏の候	8月：残暑・晩夏・立秋・秋涼の候
9月：初秋・新涼・秋風・秋冷の候	10月：仲秋・紅葉・錦秋・清秋の候
11月：晩秋・深秋・初霜・向寒の候	12月：初冬・寒冷・師走・孟冬の候

安否うかがいの例

- 貴社（貴店／貴行／○○様など）におかれましては、ますますご盛栄（ご清祥／ご清栄／ご発展／ご繁昌／ご活躍／ご壮健など）のことと（の段など）、お慶び申し上げます。
- 皆様におかれましてはいっそうご健勝のことと存じます。
- 時下ますますご清祥のこととお喜び申し上げます。

業務の挨拶の例

- 平素は格別のご厚情を賜り、心より御礼申し上げます。
- 日ごろは多大なお引き立てにあずかり、まことにありがとうございます。
- このたびはひとかたならぬご高配をいただき、謹んでお礼申し上げます。

■ 末文の例

- まずは取り急ぎご一報申し上げます。
- 取り急ぎご返事申し上げます。
- お礼かたがたご案内まで。
- ご案内かたがたお願い申し上げます。
- お引き立てのほど、ひとえにお願い申し上げます。
- ご期待に添えず、まことに申し訳ございません。
- 不本意ながらご辞退申し上げます。
- 何ともお詫びの申し上げようもございません。
- 重ね重ね恐縮に存じます。
- 何卒ご容赦のほどお願い申し上げます。
- 時節柄ご自愛のほどお祈り申し上げます。
- ご多幸をお祈りいたします。

付　録

役に立つ！実践マナー集

129

結婚式のマナー

　社会人になると結婚式に出席する機会が増えるもの。新郎新婦の新しい門出を祝う気持ちが、何よりも喜ばれます。

■ 招待状を受け取ったら

- 返信用のハガキにお祝いの言葉を添え、早めに返す。
- 挙式への参列に招待されたら、必ず出席する。
- 欠席のときは、お祝いとお詫びの言葉を添える。ほかに手紙、祝電などで気持ちを伝える。

■ 男性のフォーマルウェア

- 新郎より目立つ装いは避ける。
- ブラックスーツが基本。カジュアルな席ではダークスーツでも可。
- シャツは白。ネクタイは白、シルバーグレー、白黒ストライプなど。
- 靴は黒の革で、紐靴やつま先の飾りがシンプルなもの。靴下は黒。
- ダークスーツの場合、シャツやネクタイを華やかなものにして、ビジネススーツの印象を避ける。

■ 女性のフォーマルウェア

- 新婦よりも派手なものや白一色は避ける。
- 黒は本来着用しないが、最近は許容。小物で華やかさを。

[挙式や昼間の披露宴、フォーマルな場]
- 肌の露出は控えめに。ボレロやショールなどを活用する。
- ヒールは高すぎないもの。
- アクセサリーはパールなど光を抑えた上品なもの。
- バッグは小ぶりで、ビーズやエナメルなど。

[夕方からの式や二次会など]
- 華やかに。透ける素材、光沢がある生地も可。襟元や肩を出してもよい。
- アクセサリーは輝きのあるもの。
- パンツの場合はドレッシーな素材のものに。アクセサリーで華やかに。

■ ご祝儀

- 必ず新札を用意し、ご祝儀袋（会費は封筒）に入れる。
- 水引は紅白か金銀結び切り。のしは必要。
- 表書きは「寿」「御祝」など。
- ふくさや小さめの風呂敷に包んで持参する。
- 氏名は、水引の中央下に濃い墨色の毛筆かペンで書く。
- 連名のときは、目上の人が右側に。友人同士なら五十音順で。4人以上の場合は代表者のみ中央に、その左に「外一同」と書き、中包みの裏に全員の氏名を記す。
- 20代、友人や同僚などの式での目安は2万〜3万円。

弔事のマナー

　急なお知らせのときも、落ち着いた大人の振る舞いが必要です。故人を悼み、遺族を思いやる気持ちで臨みます。

■ 知らせを受けたら

- 肉親・近親者、親しい友人、隣近所の場合は、すぐに出向く。通常、通夜から参列する。
- 知人・友人の場合は通常すぐには弔問しない。また、告別式に参列するのが通例。

■ 弔問のマナー

- 遺族に対してお悔やみの言葉を手短に述べる。
- 通夜で「通夜ぶるまい」に誘われたら、一口でも箸をつける。
- 告別式では、最後まで残り出棺を見送る。

■ 香典、不祝儀袋

- 金額は、故人との関係や立場、地方の慣習によって異なる。20代で親戚や親しい友人なら1万円程度、友人や職場関係、隣近所なら5,000円程度。
- 不祝儀袋は宗教によって異なる。水引は結び切りに。のしは不要。表書きは薄墨で書く。
- 中袋の表には何も書かない。裏に金額と住所、氏名を書く。

仏式
- 水引は黒白か双銀
- 表書きは「御霊前」「御香典」「御香料」

神式
- 水引は双銀か双白、黒白
- 表書きは「御霊前」「御玉串料」「御榊前」

キリスト教式
- 白無地か十字架やユリの絵柄が入った袋
- 表書きは「御霊前」「御花料」

■ 拝礼のしかた

仏式拝礼（焼香 [抹香焼香]）：一礼し、右手の3本の指先でつまみ、目の高さで押しいただき、香炉にくべる。1回でもよい。合掌し、遺族と僧侶に一礼する。※数珠を持参する。持つときは左手に、合掌するときは両手にかける。

神式拝礼（玉串奉奠）：玉串を、右手で上から持ち、左手は下から添える。押しいただき、根元を手前にした形にする。左手を根元に持ち替え、右回りにして祭壇に向けて置く。二礼、忍手（音を立てない拍手）で2拍手。遺族や神官に一礼する。

キリスト教式（献花）：花を両手で受け取る。一礼し根元が祭壇を向くように右回りに回す。献花台に置き、黙祷、一礼。遺族や神父（牧師）に一礼。

慶事・弔事の言葉

結婚式や弔事は、家族にとって重要な儀式。言葉遣いにも細心の注意が必要です。頭に入れておきましょう。

■ 慶事

スピーチのポイント

基本の構成は、①新郎新婦、親族へのお祝いの言葉 ②自己紹介、新郎／新婦との関係 ③新郎／新婦のエピソードなど ④励まし、はなむけの言葉 ⑤結びの言葉

忌み言葉

- 別離を連想する言葉：切る、切れる、離れる、別れる、分ける、破る、破れる、とだえる、終わる、割れる、壊れる　など
- 不安定を連想する言葉：去る、出る、追う、追われる、帰る、戻る、繰り返す、飽きる、欠ける、退く、返す、流れる、はかない、重ねる　など
- 不幸なイメージの言葉：滅びる、苦しい、薄い、浅い、嫌う、失う、冷える、潰れる、短い、閉じる、衰える、悲しむ、病む、枯れる、涙、最後、四、九　など
- 重ね言葉など：度々、重ね重ね、皆々様、またまた、かえすがえす、わざわざ、重々、いよいよ、二度三度、再び　など

祝電

- 結婚式などに出ない場合や、お祝いの気持ちを贈りたいときに使う。
- 宛名は父親か本人（旧姓で）。

■ 弔事

忌み言葉

- 直接的な表現：死亡、死去、死ぬ、生きる、存命中　など→逝去、他界、永眠、眠る、この世を去る、旅立つ、急逝、突然のこと、不慮・不測のできごと、早世、夭折、生前　などにいい換える
- 重ね言葉など：度々、重ね重ね、皆々様、またまた、かえすがえす、わざわざ、重々、いよいよ、二度三度　など
- 連続する意味の言葉：再び、続く、なお、追って　など
- オーバーな表現：とんでもないこと、とんだこと　など
- 音が不吉な言葉：四、九など
- 宗教により使わない言葉：「仏様」「冥福」「成仏」「供養」「往生」などは仏教用語。キリスト教の場合は「召天」「天に召された」と表現する。「哀悼」「お悔やみ」も使わない。神道では「帰幽」「御霊となる」を使う。

お悔やみの言葉

- この度はご愁傷様です。
- 心からお悔やみ申し上げます。
- 突然のことで驚きました。

弔電

- 遠方に住んでいる、事情があるなどの理由で弔問できない場合に、お香典を送るとともに弔電を打つ。
- 宛名は喪主。

132